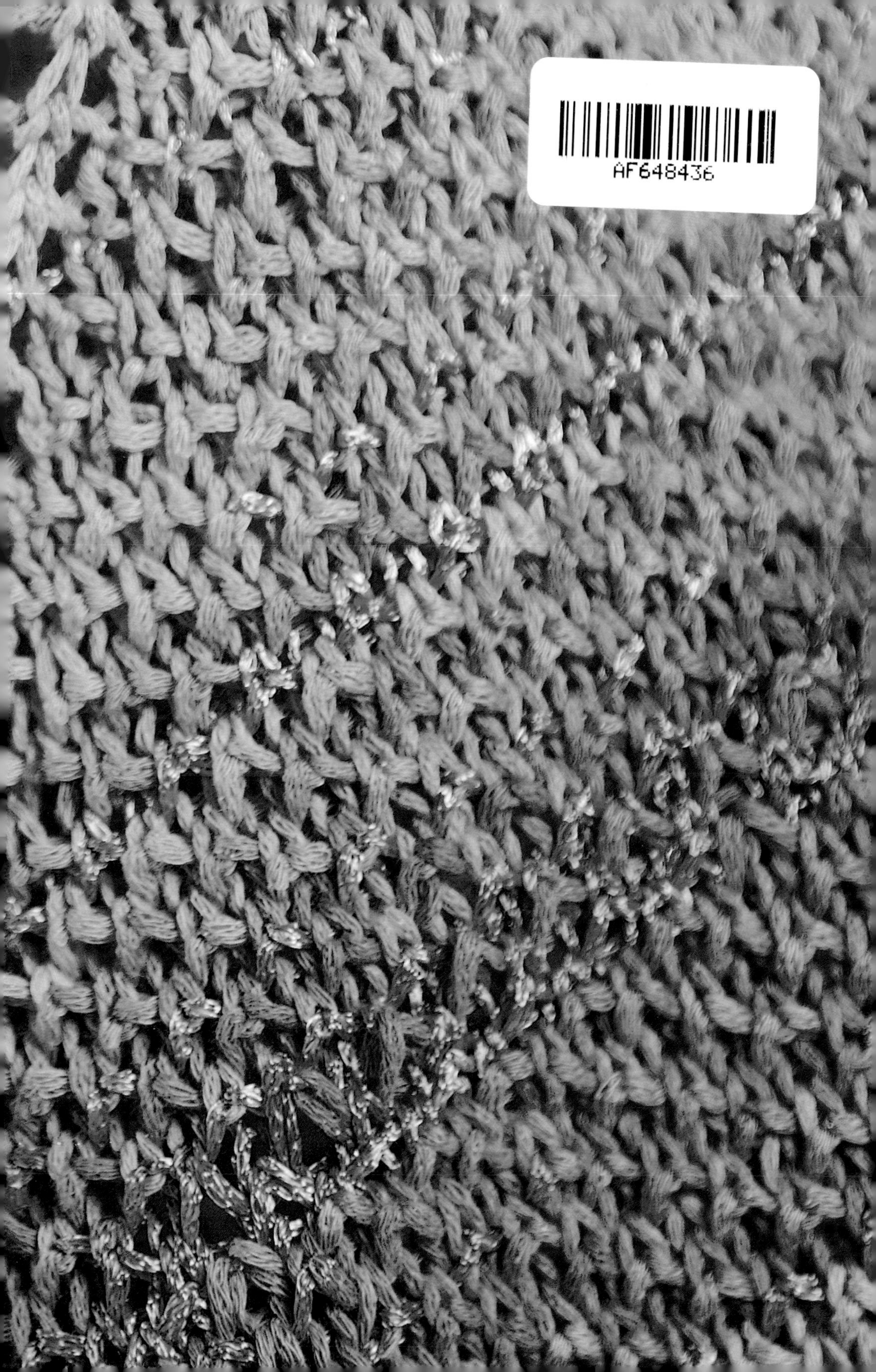

Ines Kollwitz

EDLE STRICK-LIEBLINGE

Tücher, Schals & Loops

CV

Liebe Strickfans,

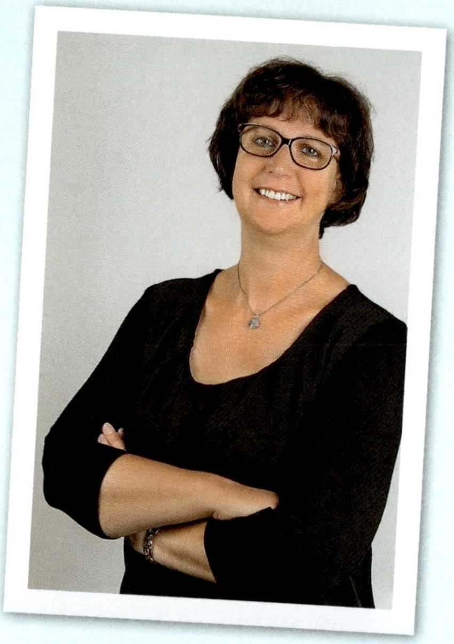

ich liebe Tücher, Schals und Loops. Ich trage sie sehr gern das ganze Jahr über als Schmuck und nicht nur im Winter zum Wärmen. Ich nenne sie Halsschmeichler, sie schützen den Hals und sehen dabei noch schick aus.
Für einige Modelle in diesem Buch habe ich Wolle mit Perlen, Glitzer oder Pailletten für den edlen Touch verstrickt. Oder ich habe Wolle mit edlen Mischungen wie Alpaka, Mohair, Seide und Viskose verwendet.
Tragen Sie auch gerne solche Halsschmeichler? Dann hoffe ich, Sie finden unter den 15 Modellen Ihr Lieblingsteil oder auch zwei, drei oder mehr…
Ich wünsche Ihnen sehr viel Freude mit diesem Buch und beim Nachstricken und Tragen der Tücher, Schals und Loops!

Eine kreative Zeit wünscht

Ines Kollwitz

Ines Kollwitz

Folgen Sie mir auf Instagram unter ines.kollwitz (https://www.instagram.com/ines.kollwitz/) und verlinken Sie Ihre Strickprojekte mit #ineskollwitz. Darüber würde ich mich sehr freuen. Mein Strickblog (www.will-stricken.de) sagt schon durch seinen Namen, worum es geht. Ich tüftele immer wieder an neuen Inhalten, Ideen, Tutorials und vielen praktischen Tipps & Tricks, um meinen Lesern das schönste Hobby der Welt näherzubringen. In meinem Strickshop (www.ines-kollwitz.de) finden Sie alle meine Einzel-Strickanleitungen von Accessoires, Home-Deko, Kleidung und Kuscheltieren. Schauen Sie doch mal vorbei.

Inhalt

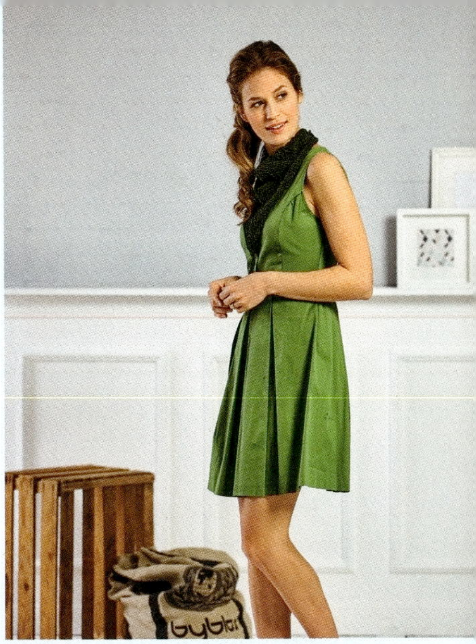

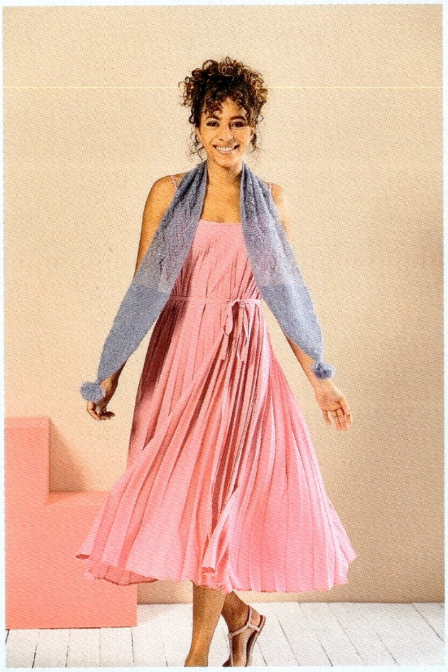

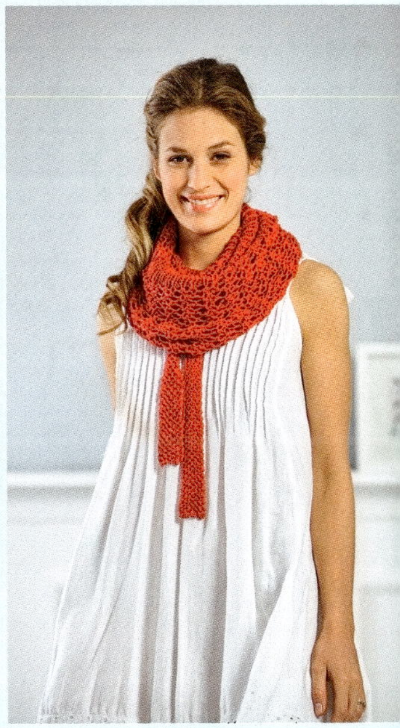

Schwierigkeitsgrade der Modelle

✱ = einfach

✱✱ = mittel

✱✱✱ = anspruchsvoll

Abkürzungen

M	Masche(n)
MM	Maschenmarkierer
MS	Mustersatz
QF	Querfaden
R	Reihe(n)
Rd	Runde(n)
U	Umschlag/Umschläge

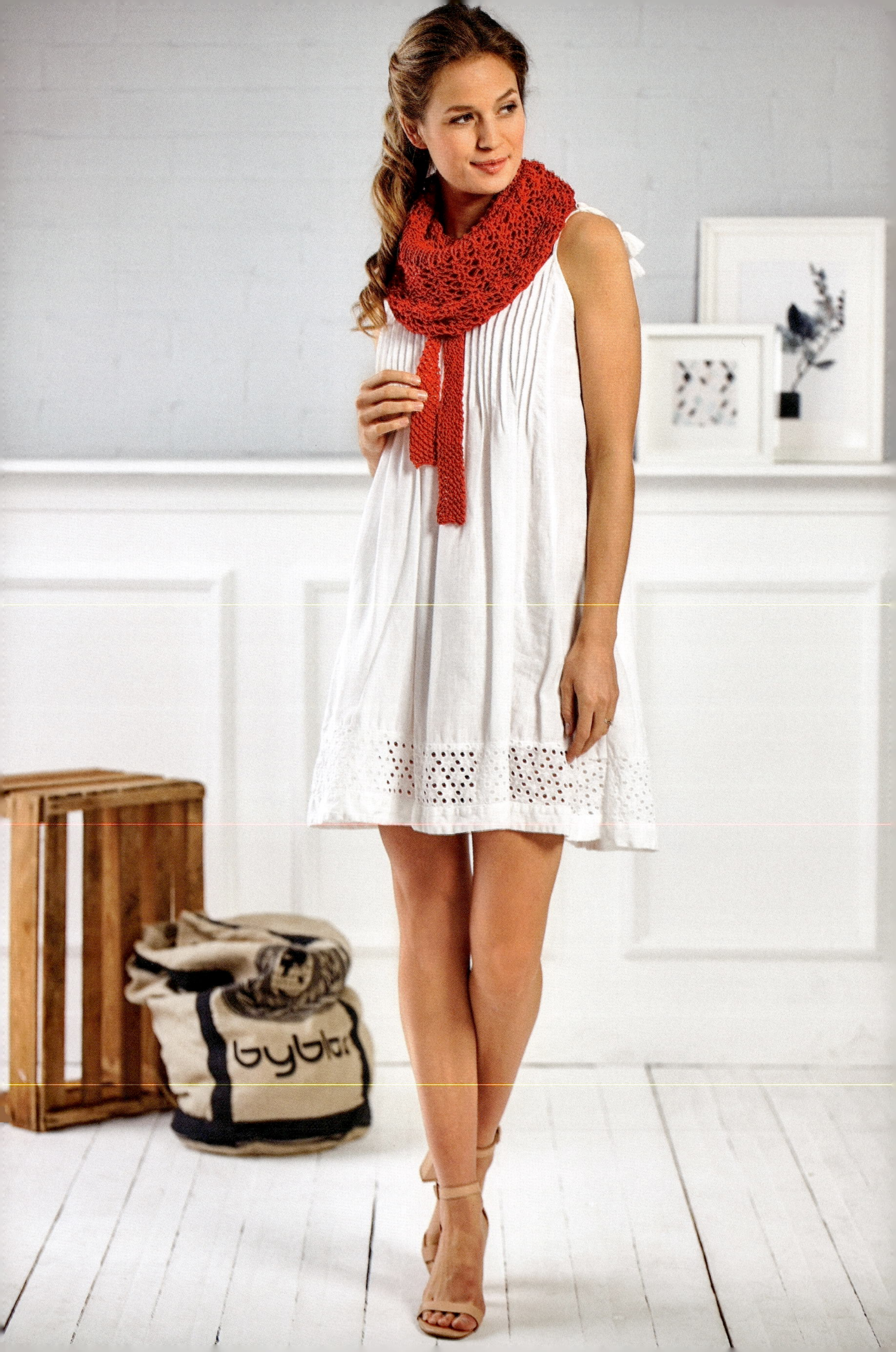

Viva la Vida

Loop mit Variationsband ✱✱

Größe: ca. 44 cm hoch, 50 cm breit

Material

- Austermann „Pure" (100 % Baumwolle, Lauflänge ca. 112 m/50 g): 200 g Rot
- Rundstricknadel Nr. 6, 60 cm lang
- 2 Nadelspielnadeln Nr. 6
- evtl. 2 Maschenmarkierer

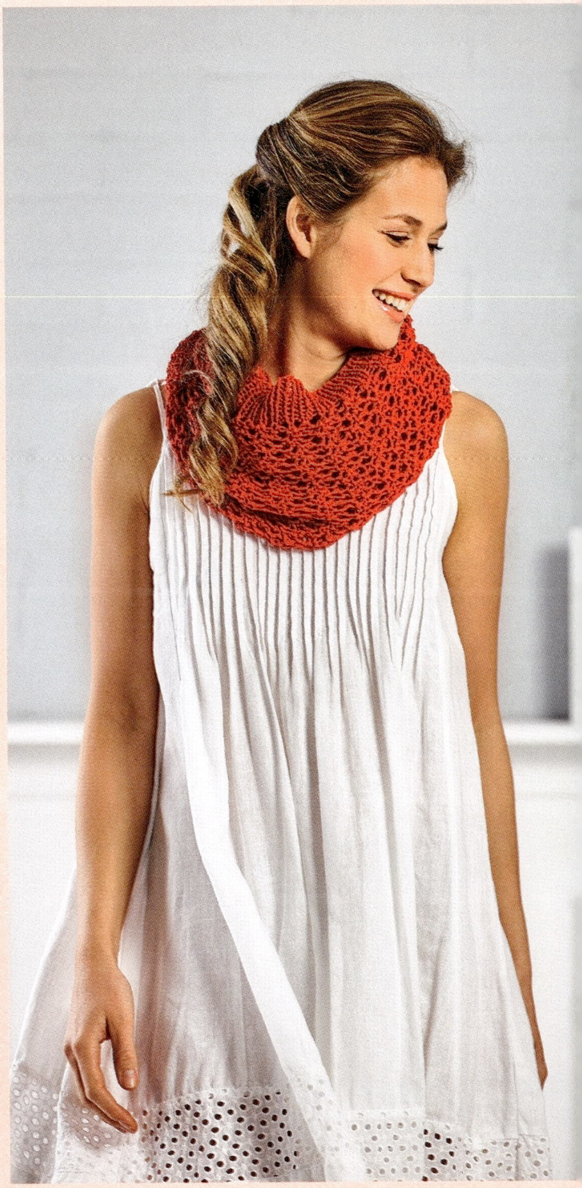

Bündchenmuster: 1 M rechts verschränkt, 1 M links im Wechsel stricken.

Lacemuster: siehe auch Strickschrift.

1. Rd: 1 U, 1 doppelter Überzug (= 1 M rechts abheben, 2 M rechts zusammenstricken, die abgehobene M überziehen), 1 U, 1 M rechts stricken.

2. Rd: Alle M rechts stricken.

3. Rd: 1 M rechts, 1 U, 1 doppelter Überzug, 1 U.

4. Rd: Alle M rechts stricken.

Die 1.–4. Rd stets wiederholen.

Arbeiten nach Strickschrift: Es sind alle Rd gezeichnet. Den Mustersatz (MS) von 4 M und die 1.–4. Rd stets wiederholen.

Perlmuster: 1 M rechts, 1 M links im Wechsel stricken, enden mit 1 M rechts.

Maschenprobe

Glatt rechts:

17 M und 24 R = 10 x 10 cm

So wird's gemacht

152 M auf der Rundstricknadel Nr. 6 anschlagen, die Arbeit zur Rd schließen und den Rd-Anfang mit einem MM kennzeichnen.

Zunächst 10 Rd über alle M im Bündchenmuster stricken.

Jetzt in folgender Aufteilung weiterarbeiten: Die ersten 12 M im Bündchenmuster stricken (Hinweis unten beachten!), einen weiteren MM setzen, über die restlichen 140 M das Lacemuster stricken, den MS von 4 M und die 1.–4. Rd (Höhenrapport) insgesamt 14x stricken (= 56 Rd).

Hinweis zum Bündchenmuster: Beginnend in der 1. Rd wie folgt stricken: 4 M im Bündchenmuster wie angegeben, 4 M abketten, die verbleibende M auf die linke Nadel zurückheben, die letzten 4 M im Bündchenmuster wie angegeben. In der 2. Rd an dieser Stelle wieder 4 M aufstricken (so entstehen Löcher, durch die später ein Band eingezogen wird). Die M werden immer in der 1. Rd jedes 2. Höhenrapports abgekettet und in der Folge-Rd aufgestrickt – also in der 1./2. Rd, dann in der 9./10. Rd, in der 17./18. Rd usw.

Nach den 56 Rd in der angegebenen Aufteilung noch einmal die 1. und 2. Rd mit den abgeketteten und aufgestrickten M wiederholen.

Zum Abschluss wieder 10 Rd über alle M im Bündchenmuster stricken. Dann alle M im Muster abketten.

Für das Band mit zwei Nadelspielnadeln 7 M anschlagen und im Perlmuster bis zu einer Länge von ca. 65 cm stricken. Alle M abketten.

Fertigstellung: Das Band durch die vorgesehenen Löcher ziehen und nach Wunsch drapieren. Das Strickstück befeuchten und spannen. Alle Fäden vernähen.

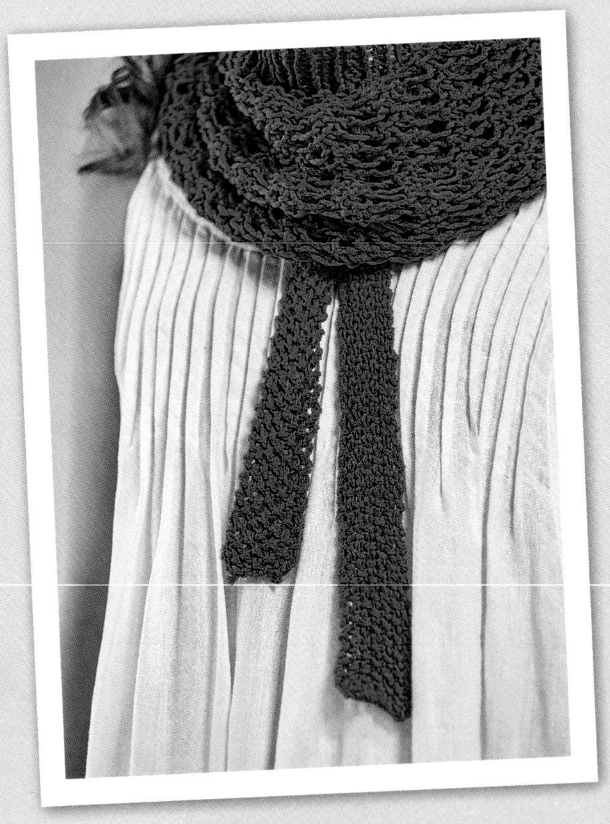

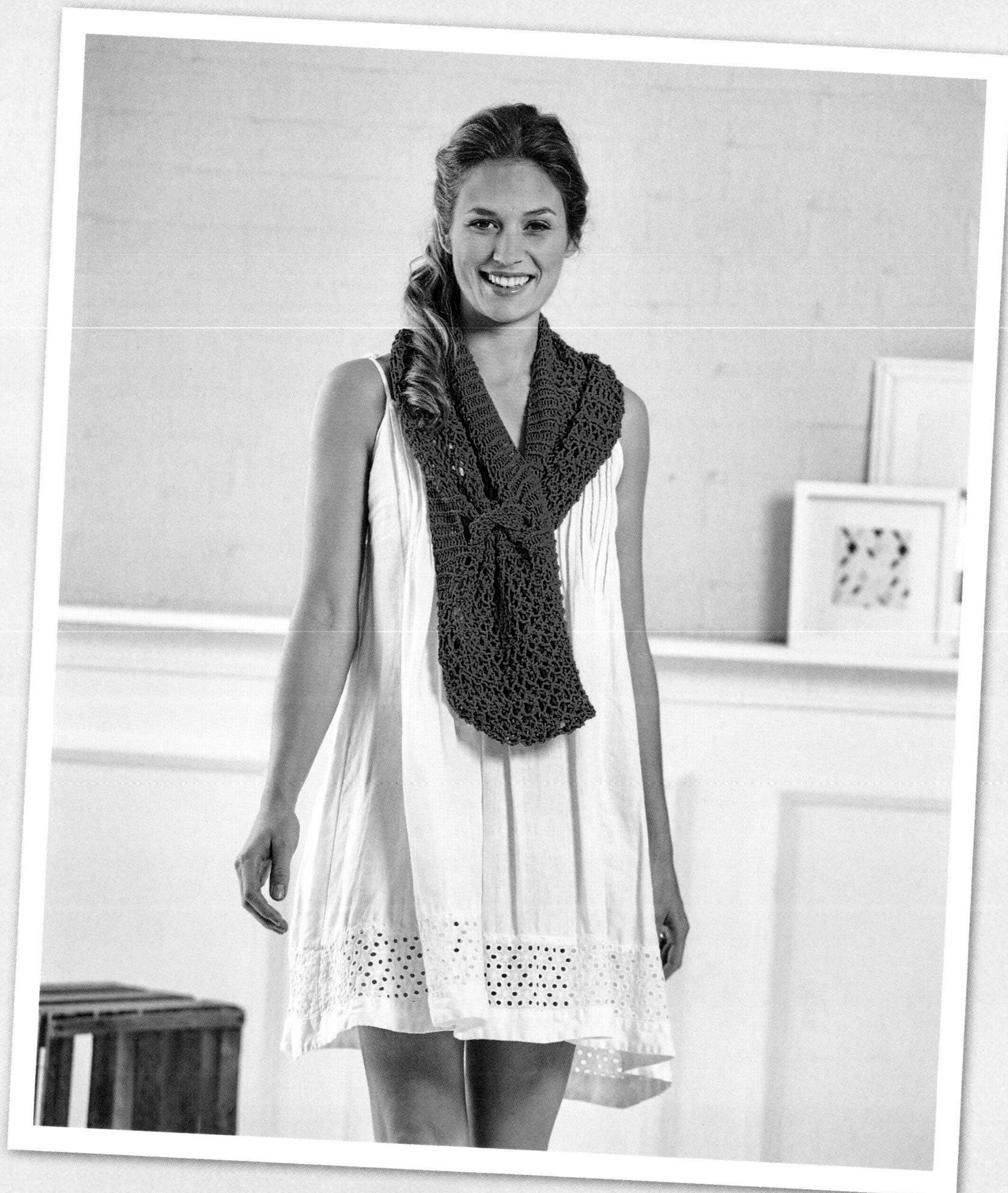

Strickschrift

I	I	I	I	4
U	O	U	I	3
I	I	I	I	2
I	U	O	U	1

Zeichenerklärung

I = 1 M rechts

U = 1 U

O = 1 doppelter Überzug (= 1 M wie zum Rechtsstricken abheben, 2 M rechts zusammenstricken, dann die abgehobene M überziehen)

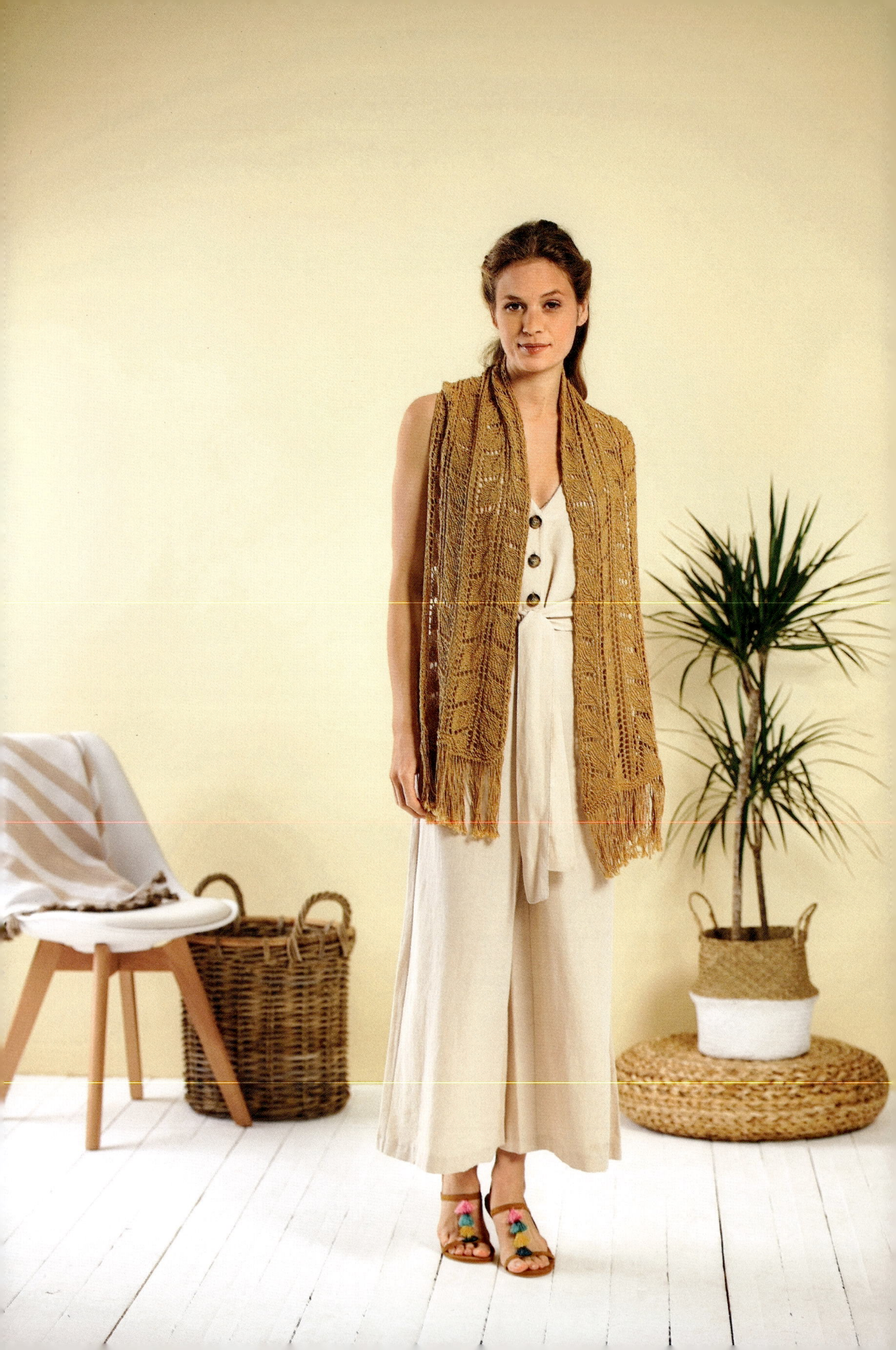

Goldene Blätter

Schal mit Blattmuster ✱✱

Größe: ca. 162 cm lang, 23 cm breit

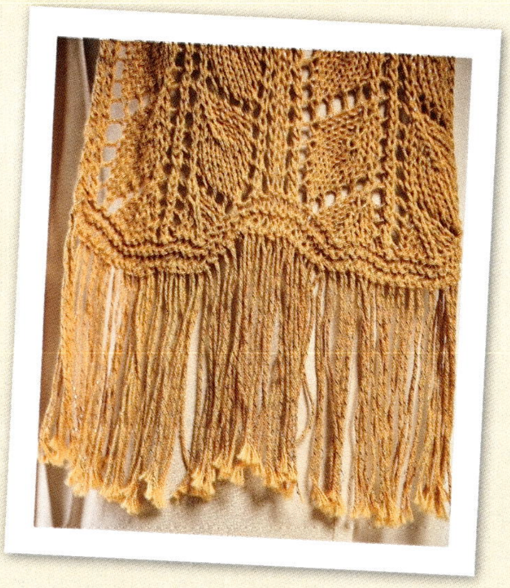

Material

- Schachenmayr „Catania Glamour" (98 % Baumwolle, 2 % Polyester, Lauflänge ca. 142 m/50 g): 150 g Gold
- Rundstricknadel Nr. 4
- evtl. 1 Maschenmarkierer

Randmaschen: In Hin- und Rück-R die 1. M mit Faden vor der Arbeit wie zum Linksstricken abheben und die letzte M rechts stricken

Kraus rechts: In Hin- und Rück-R rechte M stricken.

Blattmuster (über 29 Maschen): siehe auch Strickschrift.

1. R (Hin-R): 1 M rechts, 1 U, 2 M rechts zusammenstricken, 1 U, 1 M rechts, 1 U, 3 M rechts, 1 doppelter Überzug mit aufliegender Mittel-M (= 2 M zusammen wie zum Rechtsstricken abheben, 1 M rechts stricken, dann die beiden abgehobenen M überziehen), 3 M rechts, 1 U, 1 doppelter Überzug mit aufliegender Mittel-M, 1 U, 3 M rechts, 1 doppelter Überzug mit aufliegender Mittel-M, 3 M rechts, 1 U, 1 M rechts, 1 U, 1 einfacher Überzug (= 1 M wie zum Rechtsstricken abheben, 1 M rechts stricken, dann die abgehobene M überziehen), 1 U, 1 M rechts

2. R (Rück-R): Alle M links stricken.

3. R: 1 M rechts, 1 U, 2 M rechts zusammenstricken, 1 U, 3 M rechts, 1 U, 2 M rechts, 1 doppelter Überzug mit aufliegender Mittel-M, 2 M rechts, 1 U, 1 doppelter Überzug mit aufliegender Mittel-M, 1 U, 2 M rechts, 1 doppelter Überzug mit aufliegender Mittel-M, 2 M rechts, 1 U, 3 M rechts, 1 U, 1 einfacher Überzug, 1 U, 1 M rechts.

4. R: Alle M links stricken.

5. R: 1 M rechts, 1 U, 2 M rechts zusammenstricken, 1 U, 5 M rechts, 1 U, 1 M rechts, 1 doppelter Überzug mit aufliegender Mittel-M, 1 M rechts, 1 U, 1 doppelter Überzug mit aufliegender Mittel-M, 1 U, 1 M rechts, 1 doppelter Überzug mit aufliegender Mittel-M, 1 M rechts, 1 U, 5 M rechts, 1 U, 1 einfacher Überzug, 1 U, 1 M rechts.

6. R: Alle M links stricken.

7. R: 1 M rechts, 1 U, 2 M rechts zusammenstricken, 1 U, 7 M rechts, 3x [1 U, 1 doppelter Überzug mit aufliegender Mittel-M], 1 U, 7 M rechts, 1 U, 1 einfacher Überzug, 1 U, 1 M rechts.

8. R: Alle M links stricken.

9. R: 1 M rechts, 1 U, 2 M rechts zusammenstricken, 1 U, 8 M rechts, 2 M rechts zusammenstricken, 1 U, 1 doppelter Überzug mit aufliegender Mittel-M, 1 U, 1 einfacher Überzug, 8 M rechts, 1 U, 1 einfacher Überzug, 1 U, 1 M rechts.
10. R: Alle M links stricken.
Die 1.–10. R stets wiederholen.
Arbeiten nach Strickschrift: Muster über 29 M. Es sind die Hin- und Rück-R gezeichnet. Die 1.–10. R stets wiederholen.

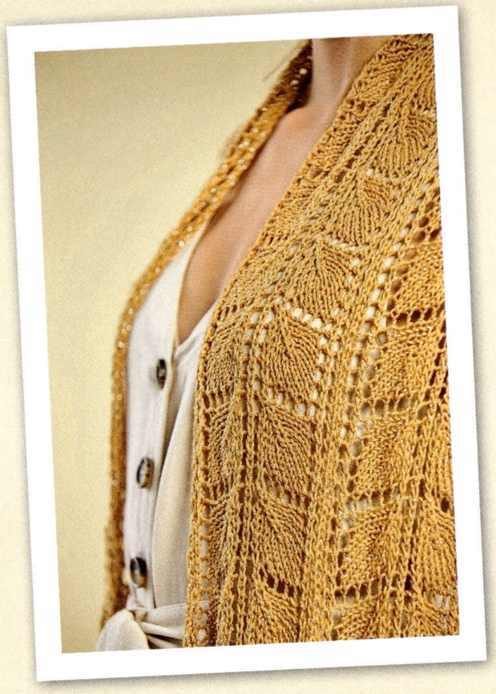

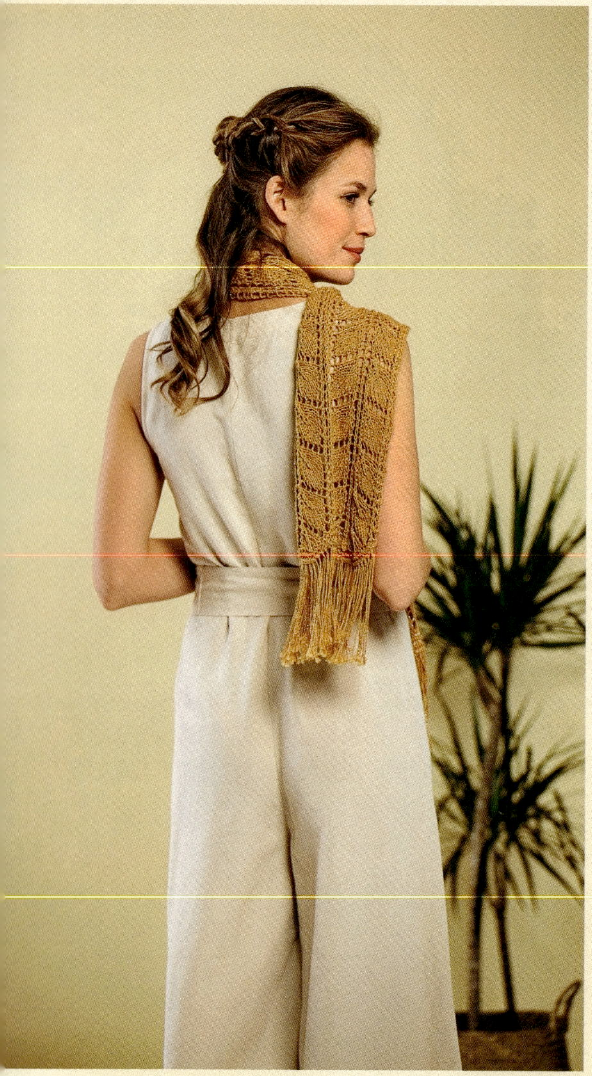

Maschenprobe

Glatt rechts:
22 M und 32 R = 10 x 10 cm

So wird's gemacht

60 M anschlagen und zwischen den Rand-M 4 R kraus rechts stricken.
Nun die M wie folgt einteilen: 1 Rand-M, 29 M Blattmuster, MM setzen, 29 M Blattmuster, 1 Rand-M.
In dieser Einteilung die 1.–10. R des Blattmusters insgesamt 28x stricken (= 280 R).
Zum Schluss noch weitere 4 R kraus rechts stricken und anschließend alle M abketten.

Fertigstellung: Pro Seite 56 Fransen in einer Länge von etwa 30 cm zuschneiden und in die Schalenden einknüpfen. Das Strickstück befeuchten und spannen. Alle Fäden vernähen. Die Fransen auf eine Länge zuschneiden.

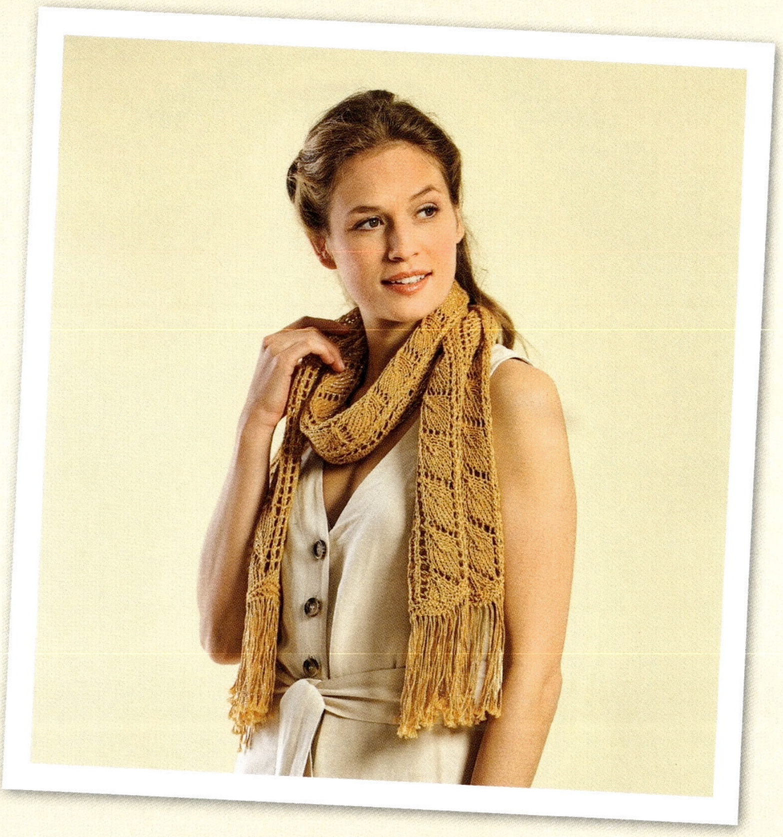

Strickschrift

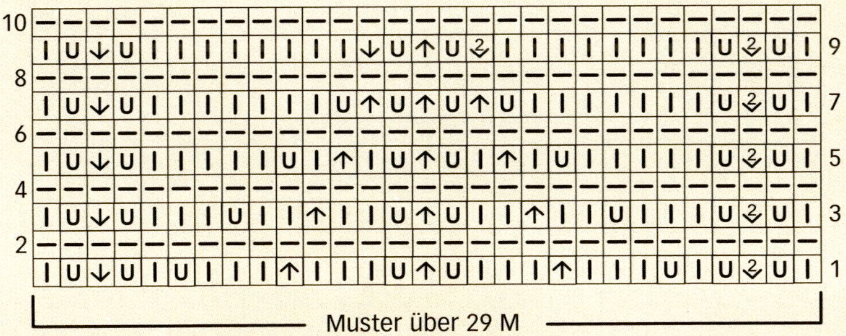

Zeichenerklärung

- | = 1 M rechts
- — = 1 M links
- ⟨2 M re zus.⟩ = 2 M rechts zusammenstricken
- U = 1 U
- ↓ = 1 einfacher Überzug (= 1 M wie zum Rechtsstricken abheben, 1 M rechts stricken, dann die abgehobene M überziehen)
- ↑ = 1 doppelter Überzug mit aufliegender Mittel-M (= 2 M zusammen wie zum Rechtsstricken abheben, 1 M rechts stricken, dann die beiden abgehobenen M überziehen)

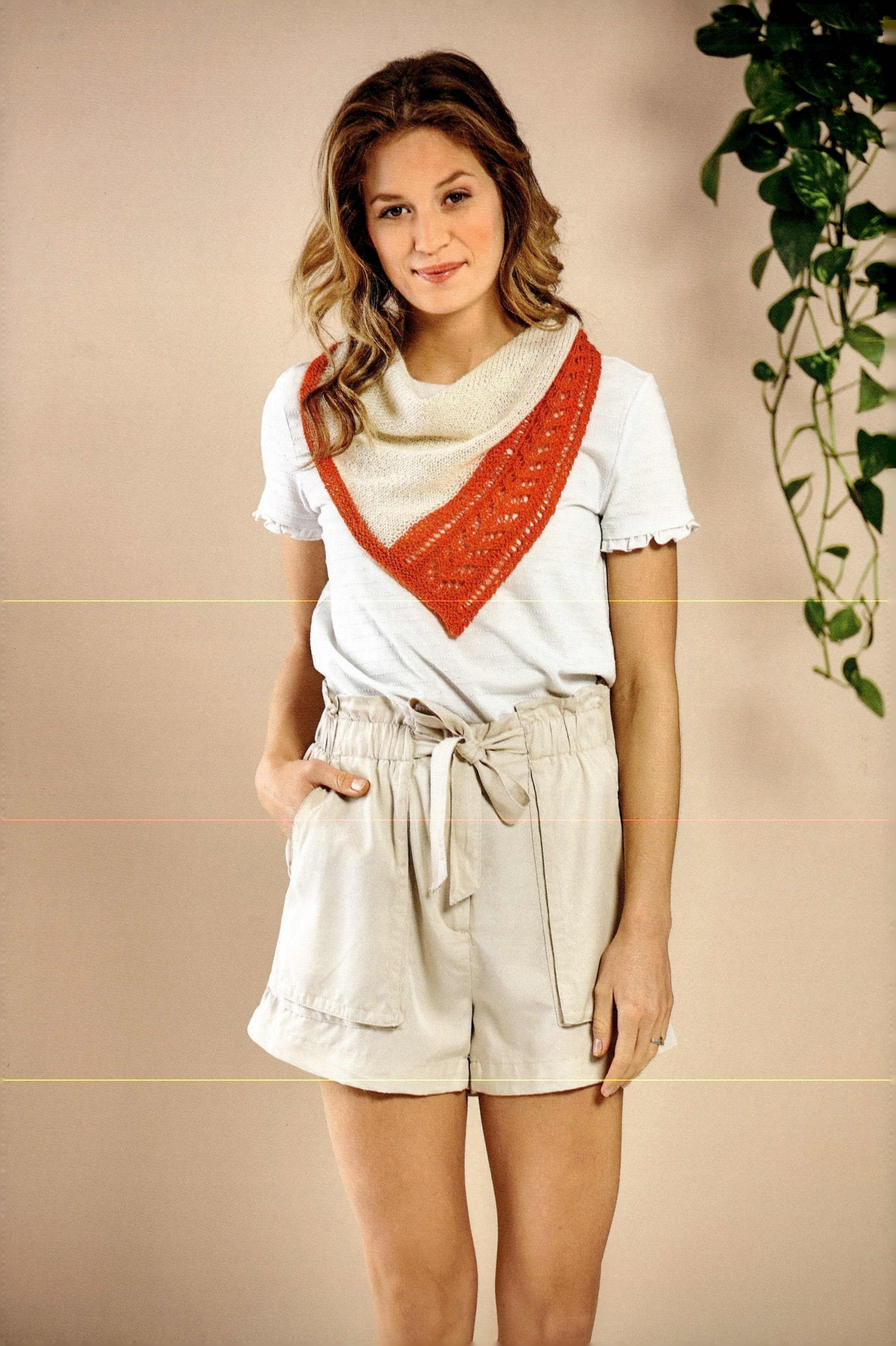

City Girl

Dreieckstuch ✱✱

Größe: ca. 70 cm breit, ca. 40 cm hoch

Material

- ggh „Baby Alpaka Fino" (100 % Baby-Alpaka, Lauflänge ca. 200 m/25 g): je 25 g Orange und Ecru
- Rundstricknadel Nr. 4
- Knopf in Schwarz, ø 10 mm

Glatt rechts: In Hin-R rechte M, in Rück-R linke M stricken.

Kraus rechts: In Hin- und Rück-R rechte M stricken.

Lacemuster (über 21 Maschen): siehe auch Strickschrift.

1. R (Hin-R): 3 M rechts, 1 U, 2 M rechts zusammenstricken, 2 M links, 1 U, 1 einfacher Überzug (= 1 M wie zum Rechtsstricken abheben, 1 M rechts stricken, dann die abgehobene M überziehen), 3 M rechts, 2 M rechts zusammenstricken, 1 U, 2 M links, 1 M rechts, 1 U, 2 M rechts zusammenstricken, 2 M rechts.

2. R (Rück-R): 3 M rechts, 1 U, 2 M rechts verschränkt zusammenstricken, 2 M rechts, 7 M links, 3 M rechts, 1 U, 2 M rechts verschränkt zusammenstricken, 2 M rechts.

3. R: 3 M rechts, 1 U, 2 M rechts zusammenstricken, 2 M links, 1 M rechts, 1 U, 1 einfacher Überzug, 1 M rechts, 2 M rechts zusammenstricken, 1 U, 1 M rechts, 2 M links, 1 M rechts, 1 U, 2 M rechts zusammenstricken, 2 M rechts.

4. R: Wie die 2. R stricken.

5. R: 3 M rechts, 1 U, 2 M rechts zusammenstricken, 2 M links, 2 M rechts, 1 U, 1 doppelter Überzug (= 1 M wie zum Rechtsstricken abheben, 2 M rechts zusammenstricken, dann die abgehobene M überziehen), 1 U, 2 M rechts, 2 M links, 1 M rechts, 1 U, 2 M rechts zusammenstricken, 2 M rechts.

6. R: Wie die 2. R stricken.

Die 1.–6. R stets wiederholen.

Arbeiten nach Strickschrift: Muster über 21 M. Es sind die Hin- und Rück-R gezeichnet. Die 1.–6. R stets wiederholen.

Hinweis: Es wird durchgehend mit doppeltem Faden gearbeitet. Das Lacemuster wird immer in Orange gearbeitet.

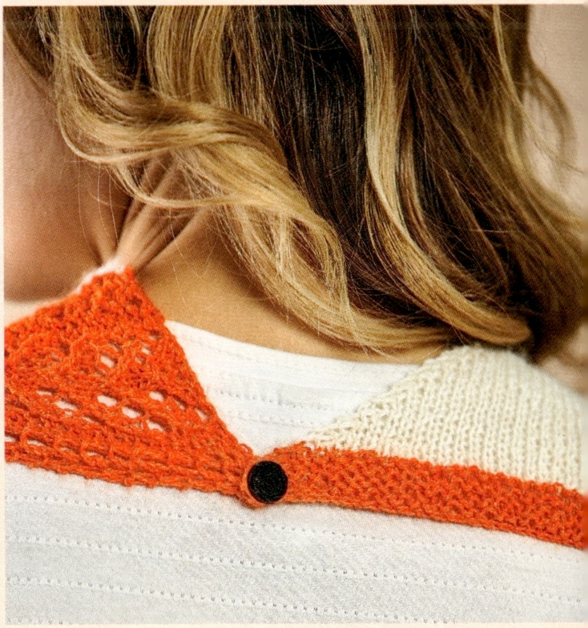

Maschenprobe

Glatt rechts mit doppeltem Faden:
22 M und 32 R = 10 x 10 cm

So wird's gemacht

21 M mit doppeltem Faden in Orange anschlagen. **Tipp:** Einen Faden von außen und den anderen von innen abstricken oder das Knäuel teilen.

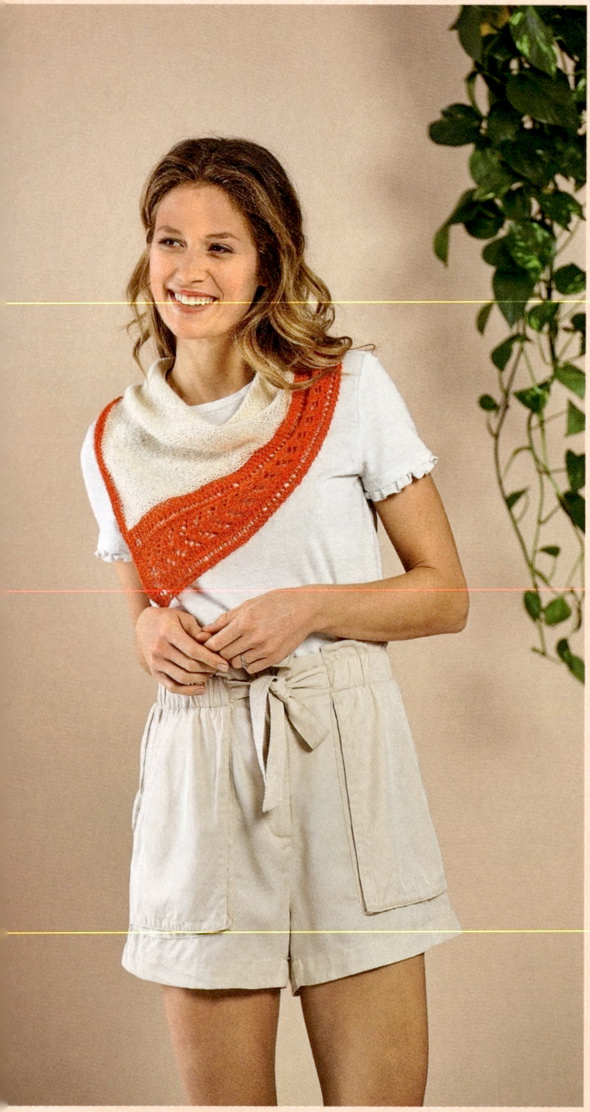

Eine Rück-R rechte M stricken. In der folgenden Hin-R 1 M in Ecru mit doppeltem Faden aufstricken und diese M rechts stricken, die Fäden in Intarsientechnik hinten verkreuzen und über die folgenden 21 M in Orange die 1. R (Hin-R) des Lacemusters stricken.

In der folgenden Rück-R die 2. R des Lacemusters in Orange stricken, die Fäden hinten verkreuzen und die M in Ecru rechts stricken.

In der 3. R die M in Ecru verdoppeln (= 2 M aus 1 M herausstricken: 1 M rechts, 1 M rechts verschränkt), Fäden verkreuzen und die 21 M Lacemuster in Orange stricken.

Die 4. R beginnt mit dem Lacemuster, die M in Ecru 1 M links, 1 M rechts stricken.

In der 5. R, 1 M verdoppeln, 1 M rechts, Fäden verkreuzen und das Lacemuster stricken.

In der 6. R, zunächst das Lacemuster stricken, Fäden verkreuzen, in Ecru 2 M links, 1 M rechts.

Die 1.–6. R des Lacemusters noch 23x wiederholen (= 138 R). Die Zunahmen am Anfang jeder Hin-R so fortführen. Der Teil in Ecru wird glatt rechts gestrickt, die Rand-M immer rechts stricken. Es sind nun (inkl. der 1. Rück-R) insgesamt 145 R gestrickt.

Nun in Orange über die gesamte Breite 6 R kraus rechts stricken, die Zunahmen fortführen. In der folgenden R nach der verdoppelten M, 2 M rechts stricken, dann 1 M für das Knopfloch abketten, den Rest der R rechts stricken. In der Rück-R an dieser Stelle wieder eine M aufstricken, die restlichen M rechts stricken.

Alle M locker abketten.

Fertigstellung: Das Strickstück befeuchten und spannen. Alle Fäden vernähen. Den Knopf an die Anfangsspitze annähen.

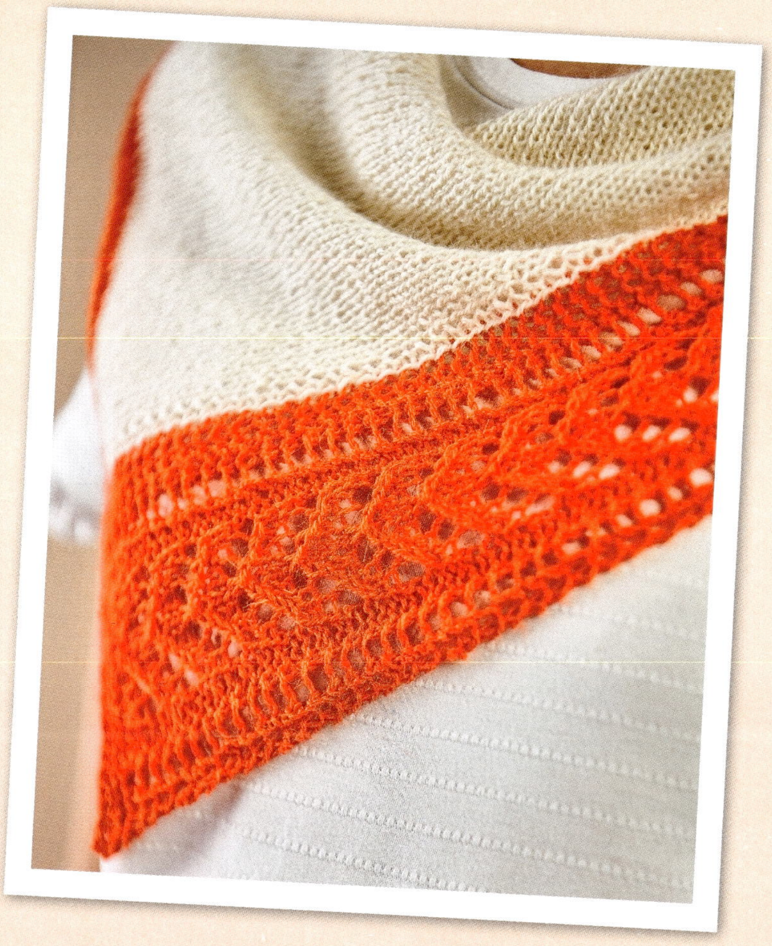

Strickschrift

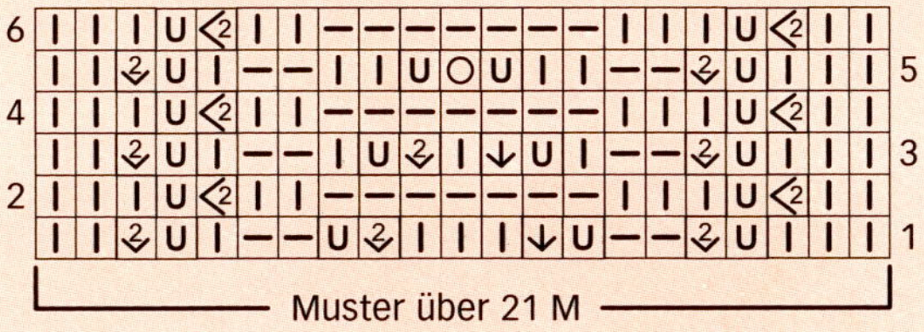

Zeichenerklärung

- I = 1 M rechts
- — = 1 M links
- ⊻ = 2 M rechts zusammenstricken
- ⊲ = 2 M rechts verschränkt zusammenstricken
- U = 1 U
- ↓ = 1 einfacher Überzug (= 1 M wie zum Rechtsstricken abheben, 1 M rechts stricken, dann die abgehobene M überziehen)
- O = 1 doppelter Überzug (= 1 M wie zum Rechtsstricken abheben, 2 M rechts zusammenstricken, dann die abgehobene M überziehen)

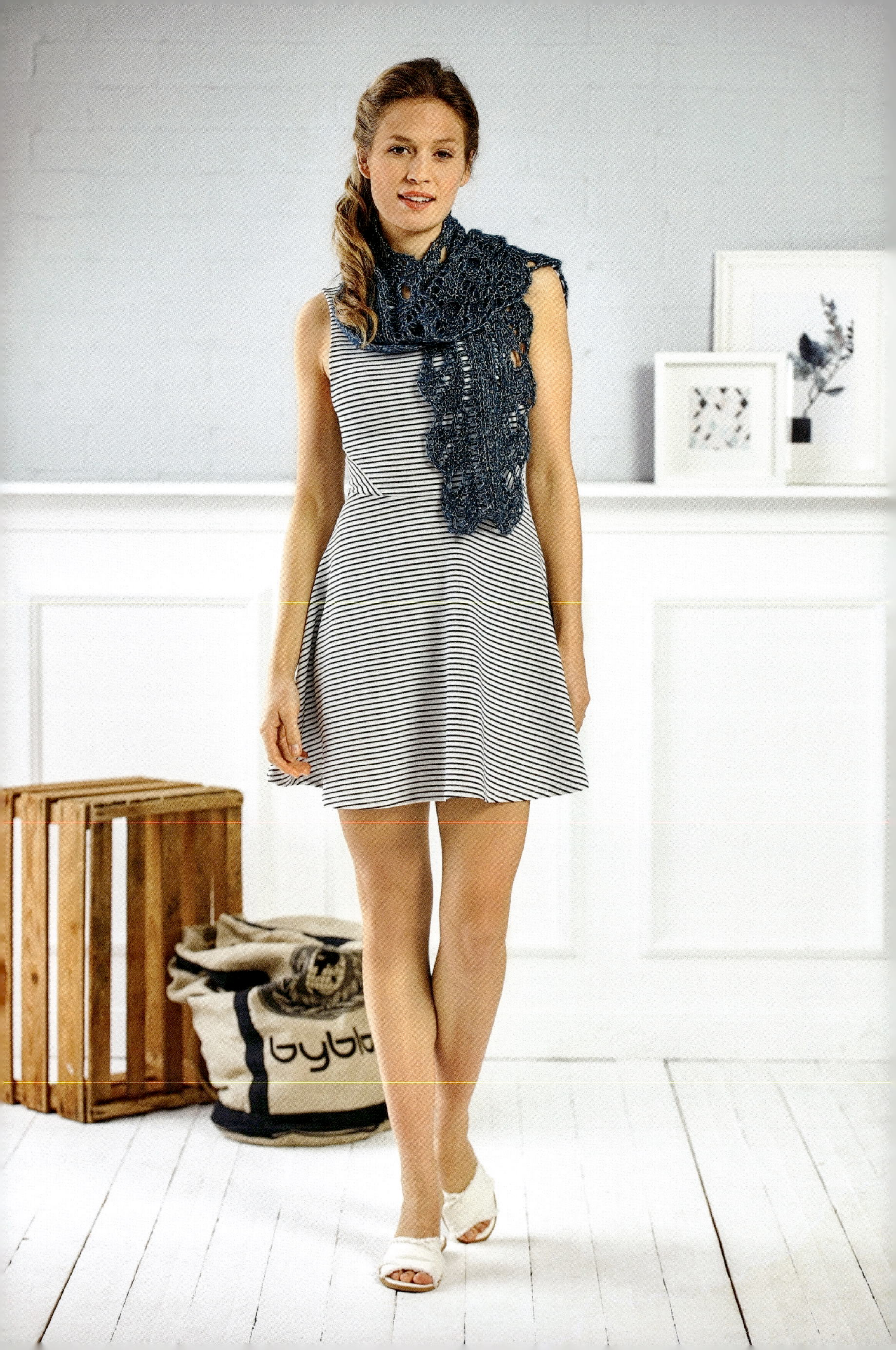

Perfekte Welle

Laceschal ✱✱✱ Größe: ca. 135 cm lang, 20 cm breit

Material

- Austermann „Alpaca Star" (36 % Alpaka, 35 % Polyamid, 15 % Seide, 14 % Baumwolle, Lauflänge ca. 150 m/50 g): 50 g Petrol
- Rundstricknadel Nr. 6
- evtl. 2 Maschenmarkierer

Lacemuster: siehe auch Strickschrift.

1. R (Rück-R): Alle M rechts stricken.

2. R (Hin-R): 2 M links zusammenstricken (Hinweis: ab dem 2. Höhenrapport 1 M links), 1 U, 2 M rechts zusammenstricken, 4 U, 2x [2 M rechts zusammenstricken, 1 U], 1 M rechts, 1 M links, 2 M rechts, 1 M links, 1 M rechts, 2x [1 U, 2 M rechts zusammenstricken], 4 U, 2 M rechts zusammenstricken, 1 U, 2 M links zusammenstricken (Hinweis: ab dem 2. Höhenrapport 1 M links).

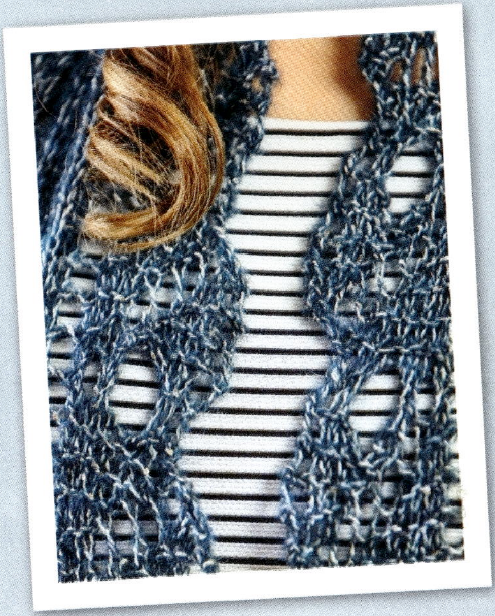

3. R: 2 M links zusammenstricken, 2 M rechts, 4x [1 M links, 1 M rechts], 4 M rechts, 4x [1 M rechts, 1 M links], 2 M rechts, 2 M links zusammenstricken.

4. R: 1 M links, 1 U, 4 M rechts, 2x [2 M rechts zusammenstricken, 1 U, 1 M rechts] 1 M links, 2 M rechts, 1 M links, 2x [1 M rechts, 1 U, 2 M rechts zusammenstricken], 4 M rechts, 1 U, 1 M links.

5. R: 2 M links zusammenstricken, 5 M rechts, 1 M links, 2 M rechts, 1 M links, 6 M rechts, 1 M links, 2 M rechts, 1 M links, 5 M rechts, 2 M links zusammenstricken.

6. R: 1 M links, 1 U, 3 M rechts, 2 M rechts zusammenstricken, 1 U, 2 M rechts, 2 M rechts zusammenstricken, 1 U, 1 M rechts, 1 M links, 2 M rechts, 1 M links, 1 M rechts, 1 U, 2 M rechts zusammenstricken, 2 M rechts, 1 U, 2 M rechts zusammenstricken, 3 M rechts, 1 U, 1 M links.

7. R: 2 M links zusammenstricken, 4 M rechts, 1 M links, 3 M rechts, 1 M links, 6 M rechts, 1 M links, 3 M rechts, 1 M links, 4 M rechts, 2 M links zusammenstricken.

8. R: 1 M links, 1 U, 2 M rechts, 2 M rechts zusammenstricken, 1 U, 3 M rechts, 2 M rechts zusammenstricken, 1 U, 1 M rechts, 1 M links, 2 M rechts, 1 M links, 1 M rechts, 1 U, 2 M rechts zusammenstricken, 3 M rechts, 1 U, 2 M rechts zusammenstricken, 2 M rechts, 1 U, 1 M links.

9. R: 2 M links zusammenstricken, 3 M rechts, 1 M links, 4 M rechts, 1 M links, 6 M rechts, 1 M links, 4 M rechts, 1 M links, 3 M rechts, 2 M links zusammenstricken.

10. R: 1 M links, 1 U, 1 M rechts, 2 M rechts zusammenstricken, 1 U, 4 M rechts, 2 M rechts zusammenstricken, 1 U, 1 M rechts, 1 M links, 2 M rechts, 1 M links, 1 M rechts, 1 U, 2 M rechts zusammenstricken, 4 M rechts, 1 U, 2 M rechts zusammenstricken, 1 M rechts, 1 U, 1 M links.
11. R: 2 M links zusammenstricken, 2 M rechts, 1 M links, 5 M rechts, 1 M links, 6 M rechts, 1 M links, 5 M rechts, 1 M links, 2 M rechts, 2 M links zusammenstricken.

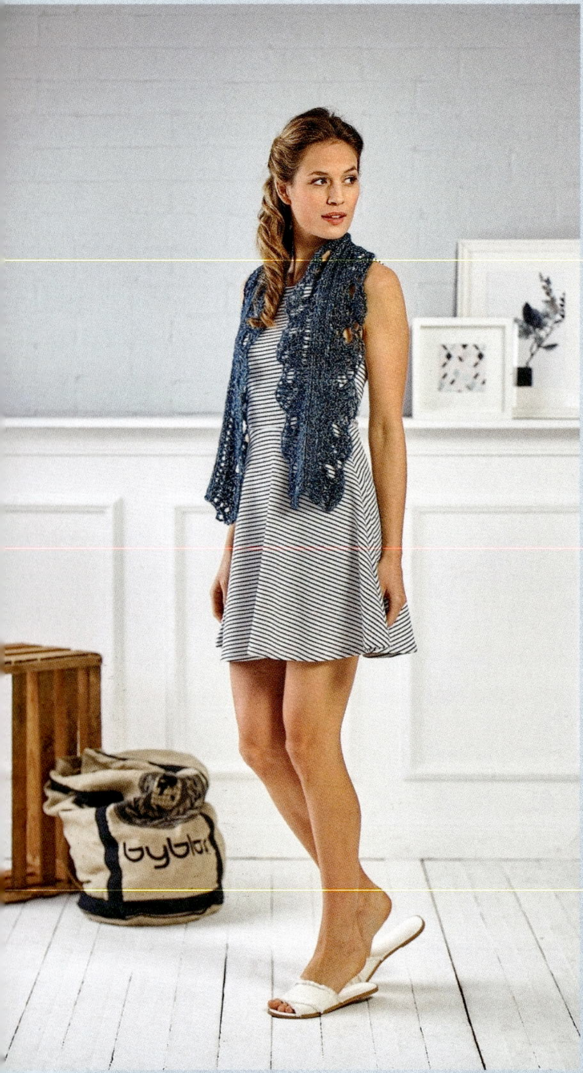

12. R: 1 M links, 1 U, 2 M rechts zusammenstricken, 1 U, 5 M rechts, 2 M rechts zusammenstricken, 1 U, 1 M rechts, 1 M links, 2 M rechts, 1 M links, 1 M rechts, 1 U, 2 M rechts zusammenstricken, 5 M rechts, 1 U, 2 M rechts zusammenstricken, 1 U, 1 M links.
13. R: 3 M abketten, dabei die verbleibende M auf die linke Nadel zurückheben, 2 M links zusammenstricken, 5 M rechts, 1 M links, 6 M rechts, 1 M links, 5 M rechts, 2 M links zusammenstricken, 3 M abketten.
Die 1.–13. R 1x stricken, dann die 2.–13. R (Höhenrapport) wie in der Anleitung angegeben wiederholen.
Hinweis: Ab dem 2. Höhenrapport werden in der 2. R die erste und die letzte M links gestrickt (statt 2 M links zusammenstricken).
Arbeiten nach Strickschrift: Muster über 22 M zu Beginn. Es sind die Hin- und Rück-R gezeichnet. Die 1.–13. R 1x stricken, dann die 2.–13. R stets wiederholen.

Maschenprobe

Glatt rechts:
14 M und 22 R = 10 x 10 cm

So wird's gemacht

22 M anschlagen und im Lacemuster stricken: Die 1.–13. R 1x stricken. Dann die 2.–13. R 14x wiederholen (= 168 R). Dabei den Hinweis zum Lacemuster beachten. Es sind nun insgesamt 181 R gestrickt.
Zum Schluss noch 1 R rechte M stricken, dann alle M abketten.

Fertigstellung: Das Strickstück befeuchten und spannen. Alle Fäden vernähen.

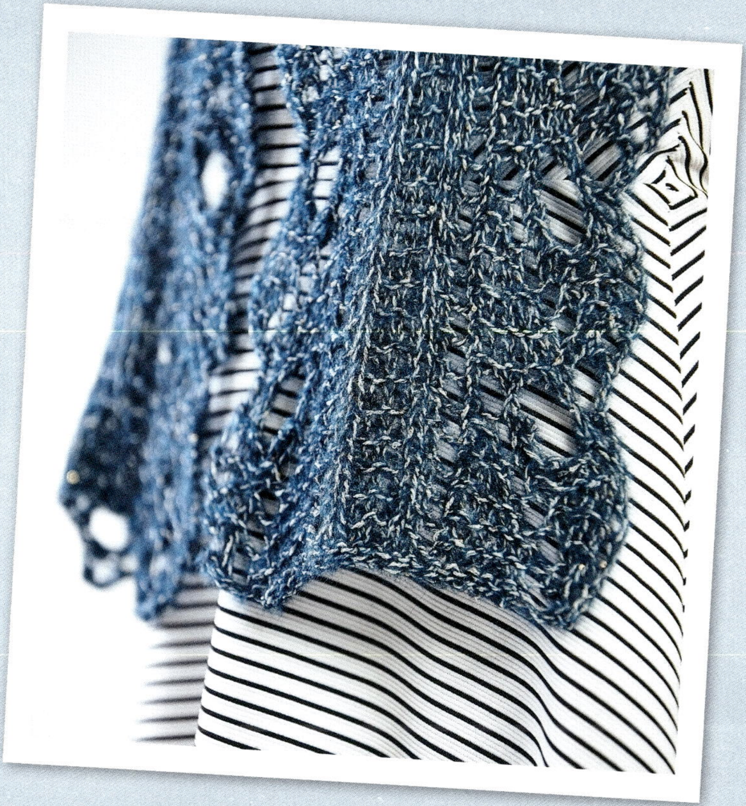

Strickschrift

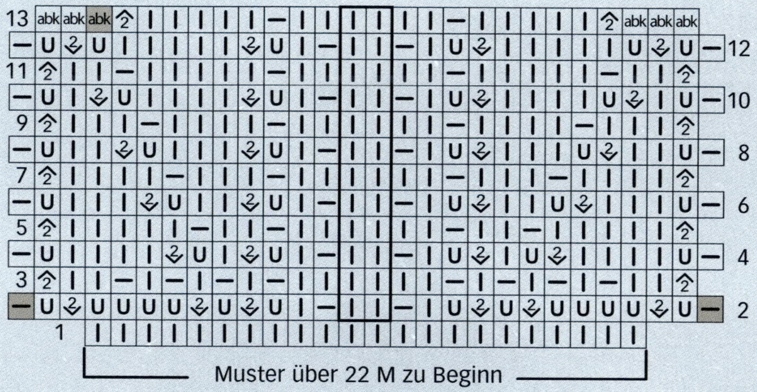

Zeichenerklärung

I = 1 M rechts

— = 1 M links

[Symbol] = 2 M rechts zusammenstricken

U = 1 U

[Symbol] = 2 M links zusammenstricken

abk = 1 M abketten

abk (grau) = 1 M (= die 3. M der R) abketten, jedoch nach dem Abketten die M auf die linke Nadel zurückheben, dann fortfahren

— (grau) = im 1. Höhenrapport 2 M links zusammenstricken; ab dem 2. Höhenrapport diese M links stricken

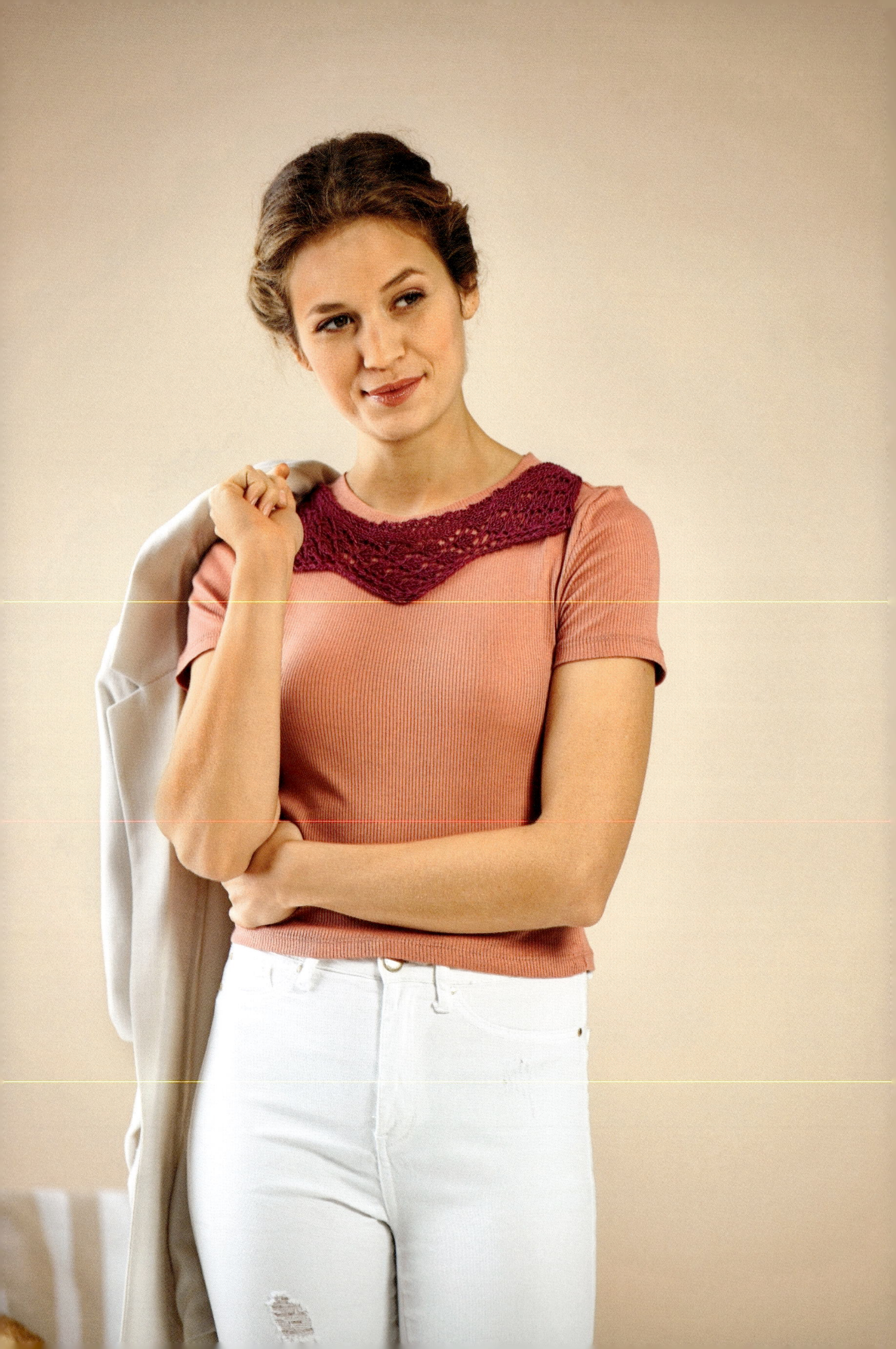

Extravaganz

Lacekragen ✱✱

Größe: ca. 37 cm breit und 9 cm hoch (ohne Band gemessen)

Material

- ggh „Lacy" (80 % Merinowolle, 20 % Seide, Lauflänge ca. 150 m/25 g): 25 g Amethyst
- Rundstricknadel Nr. 4 mit kurzem Seil
- Nadelspiel Nr. 4
- Schmuckverschluss, z. B. Strass-Magnetverschluss, ø 1,5 cm, 2 cm lang

Lacemuster: siehe Anleitung und Strickschrift. Arbeiten nach Strickschrift: Muster über zu Beginn 12 M. Es sind die Hin- und Rück-R gezeichnet. Die 1.–33. R 1x stricken, anschließend die 2.–33. R wie in der Anleitung angegeben wiederholen, dabei jeweils wie gezeichnet zunehmen und abnehmen.

Maschenprobe

Glatt rechts:

28 M und 36 R = 10 x 10 cm

So wird's gemacht

12 M auf der Rundstricknadel anschlagen. Dann im Lacemuster nach der Strickschrift arbeiten. Die 1.–33. R 1x stricken, dann die 2.–33. R noch 2x wiederholen (= 97 R insgesamt).

In der folgenden R alle M rechts stricken. In der nächsten R 8 M abketten und 4 M rechts stricken.

Nun die M auf eine Nadel des Nadelspiels nehmen und über die 4 M einen I-Cord stricken wie folgt: * 4 M rechts stricken. die Arbeit nicht wenden, sondern die M an das andere Ende der Nadel schieben, ab * stets wiederholen, bis die Kordel eine Länge von 30 cm hat. Nun jeweils 2 M zusammenstricken, bis nach der 2. R nur noch 1 M auf der Nadel ist. Den Faden abschneiden und durchziehen.

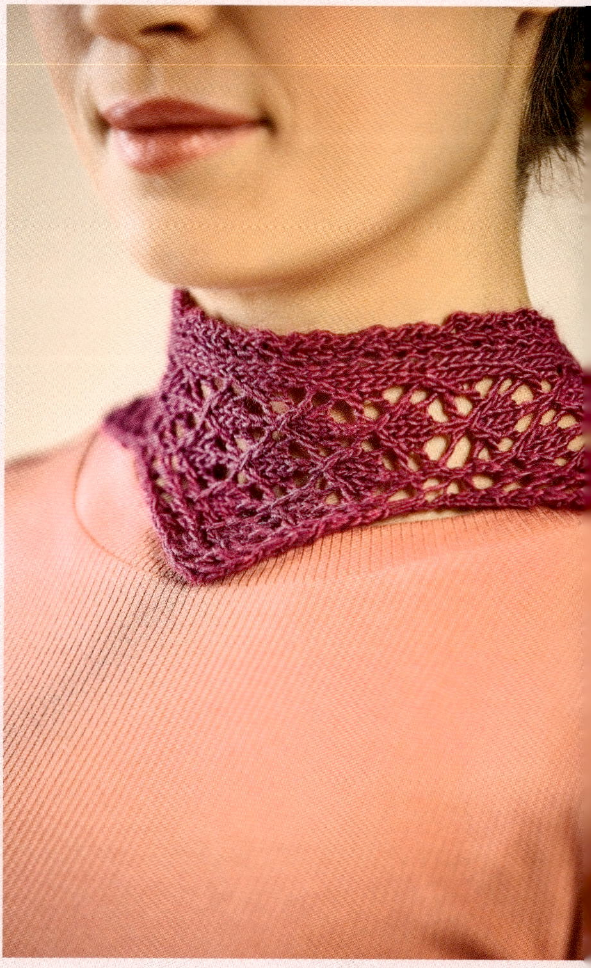

Fertigstellung: Am Ende des I-Cords den Magnetverschluss annähen. Das Verschlussende durch ein Loch am Anfang des Halsbandes ziehen. Das Halsband kann dem Hals angepasst werden, einfach indem es fester oder lockerer gezogen wird. **Tipp:** Das Ende einfach so baumeln lassen, so kann das Halsband an die jeweiligen Tagessituation angepasst werden. Natürlich kann der I-Cord auch gleich an den Hals angepasst werden und entsprechend kürzer gestrickt werden, dann beide Enden des Magnetverschlusses annähen.
Das Strickstück befeuchten, spannen und vollständig trocknen lassen. Alle Fäden vernähen.

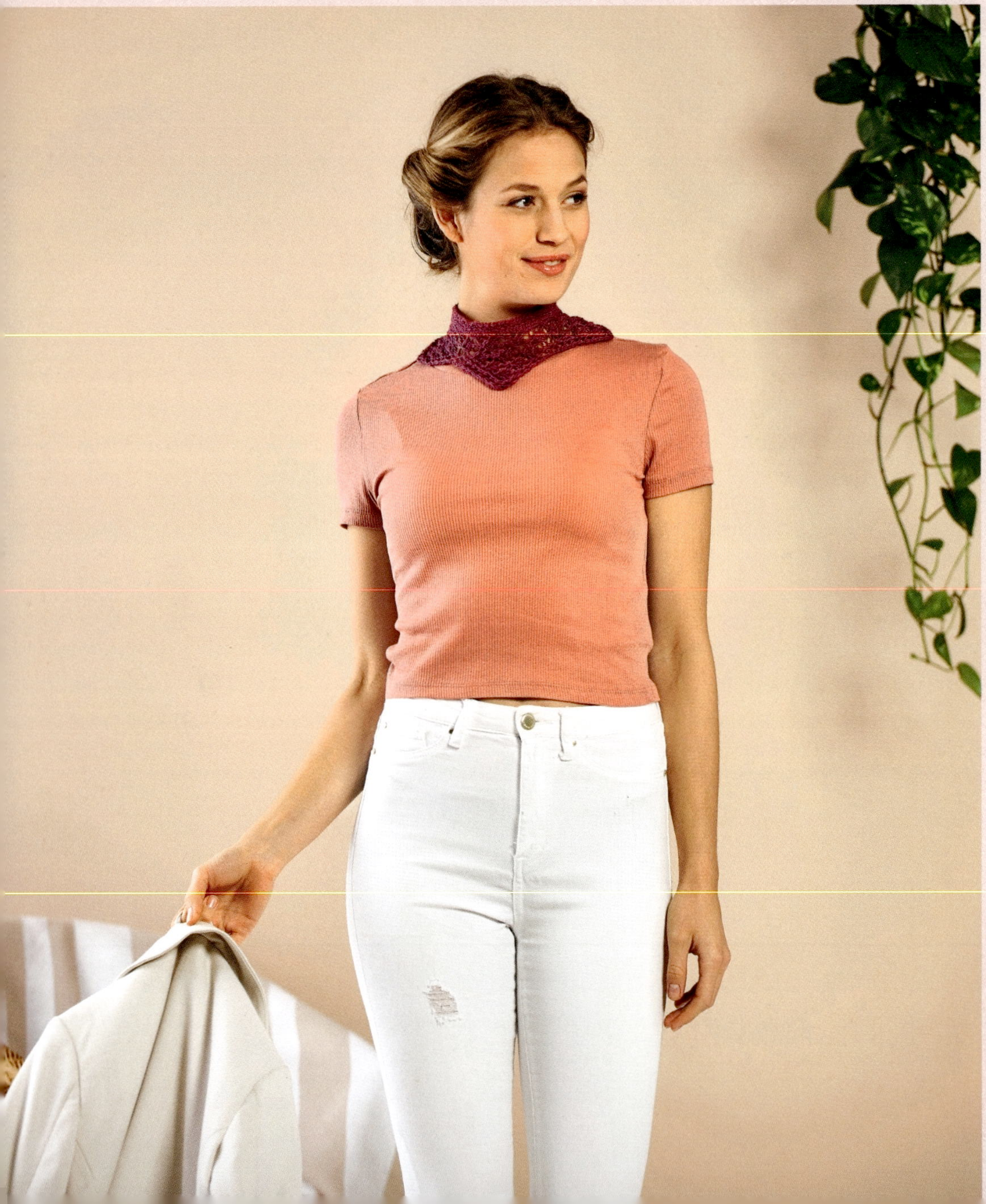

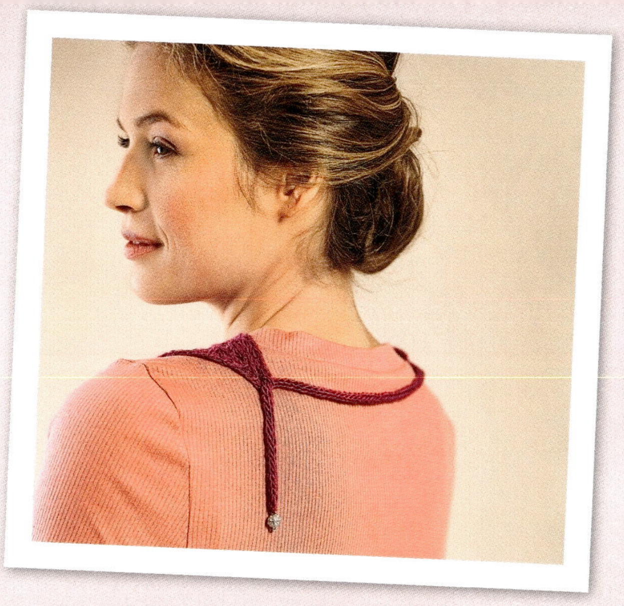

Strickschrift

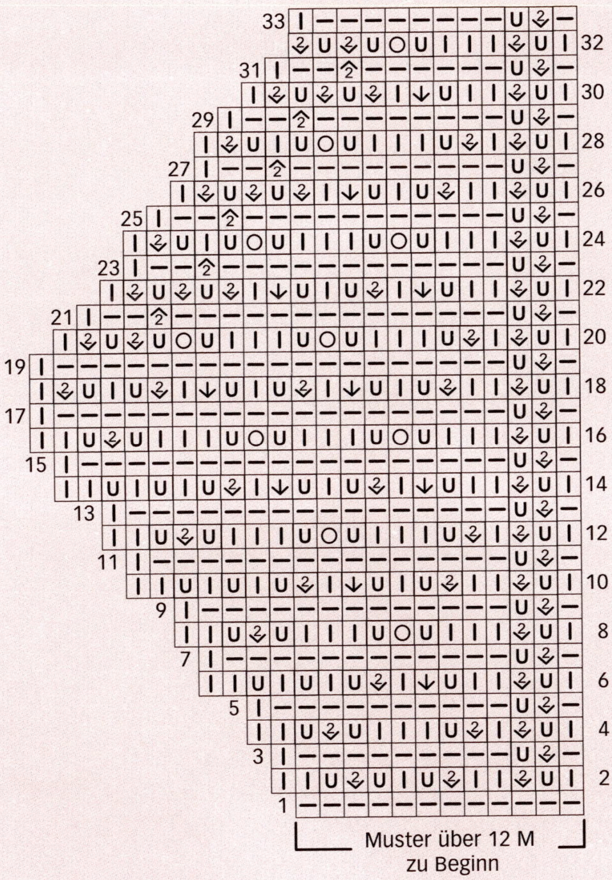

Zeichenerklärung

I = 1 M rechts

– = 1 M links

= 2 M rechts zusammenstricken

U = 1 U

= 2 M links zusammenstricken

↓ = 1 einfacher Überzug (= 1 M wie zum Rechtsstricken abheben, 1 M rechts stricken, dann die abgehobene M überziehen)

O = 1 doppelter Überzug (= 1 M wie zum Rechtsstricken abheben, 2 M rechts zusammenstricken, dann die abgehobene M überziehen)

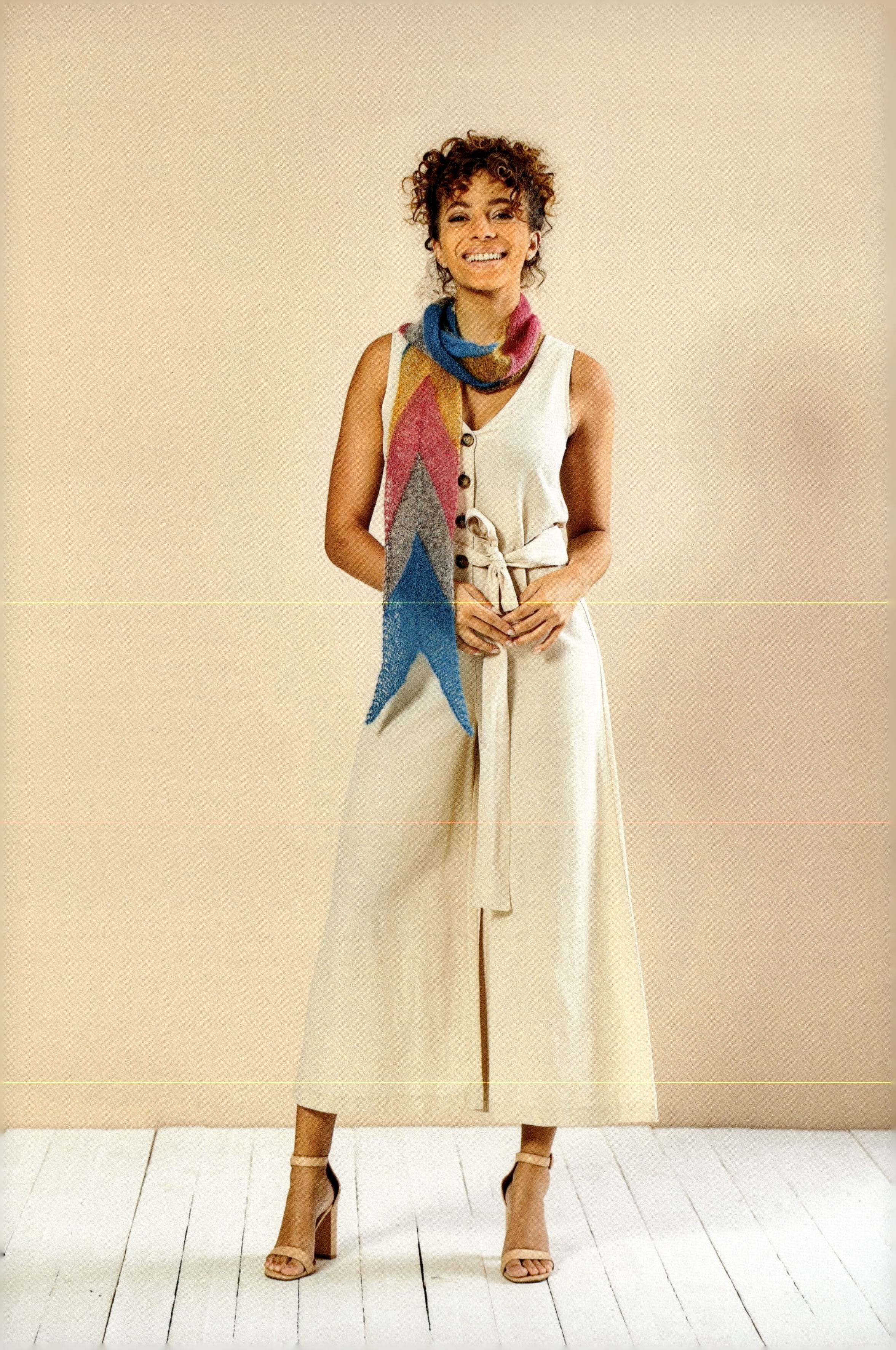

Sommerlaune

Zipfelschal mit Pailletten *

Größe: ca. 185 cm lang, ca. 14 cm breit

Material

- Austermann „Kid Silk" (75 % Mohair, 25 % Seide, Lauflänge ca. 225 m/25 g): je 25 g Curry, Hanf, Pink Lipstick und Lagune
- Austermann „Pailletten Beilaufgarn" (100 % Polyester, Lauflänge ca. 185 m/25 g): je 25 g Platin und Anthrazit
- Rundstricknadel Nr. 4

Kraus rechts: In Hin- und Rück-R rechte M stricken.

Glatt rechts: In Hin-R rechte M, in Rück-R linke M stricken.

Maschenprobe

Glatt rechts:

20 M und 32 R = 10 x 10 cm

So wird's gemacht

54 M anschlagen und in folgender Einteilung in R stricken:

1 M rechts, 1 M verdoppeln (= 2 M aus 1 M herausstricken: 1 M rechts, 1 M rechts verschränkt), 25 M rechts (bzw. bei glatt rechts in der Rück-R links) stricken, 1 doppelter Überzug mit aufliegender Mittel-M (= 2 M zusammen wie zum Rechtsstricken abheben, 1 M rechts stricken, dann die beiden abgehobenen M überziehen), 25 M rechts (bzw. bei glatt rechts in der Rück-R links) stricken, 1 M verdoppeln, 1 M rechts. Diese R stets wiederholen, dabei die folgende Farb-/Musterfolge beachten:

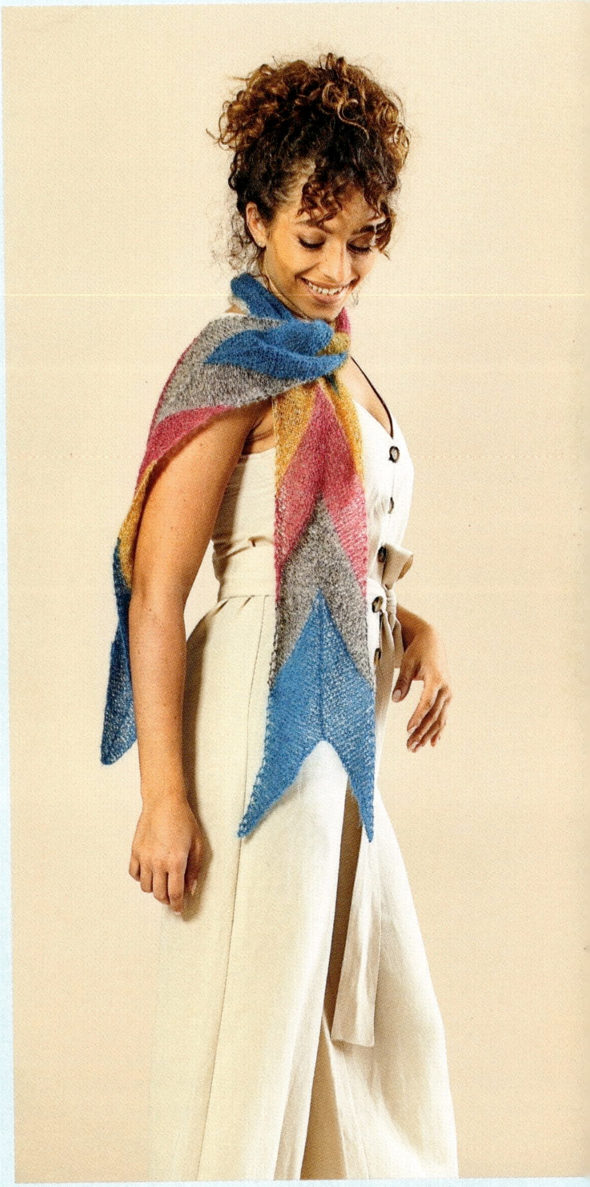

30 R kraus rechts in Lagune.
20 R glatt rechts in Curry plus Beilauffaden in Platin.
20 R kraus rechts in Pink Lipstick.
20 R glatt rechts in Hanf plus Beilauffaden in Anthrazit.
20 R kraus rechts in Lagune.
20 R glatt rechts in Curry plus Beilauffaden in Anthrazit.
20 R kraus rechts in Pink Lipstick.
20 R glatt rechts in Hanf plus Beilauffaden in Platin.
20 R kraus rechts in Lagune.
20 R glatt rechts in Curry plus Beilauffaden in Platin.
20 R kraus rechts in Pink Lipstick.
20 R glatt rechts in Hanf plus Beilauffaden in Anthrazit.
30 R kraus rechts in Lagune.
Alle M **elastisch abketten** wie folgt:
2 M rechts stricken. * Mit der linken Nadel von links nach rechts in die beiden M auf der rechten Nadel gemeinsam einstechen, den Faden mit der rechten Nadel durch beide M holen und die M von der linken Nadel gleiten lassen. Wieder 1 M rechts stricken und ab * wiederholen, bis alle M abgekettet sind.

Fertigstellung: Das Strickstück befeuchten und spannen. Alle Fäden vernähen.

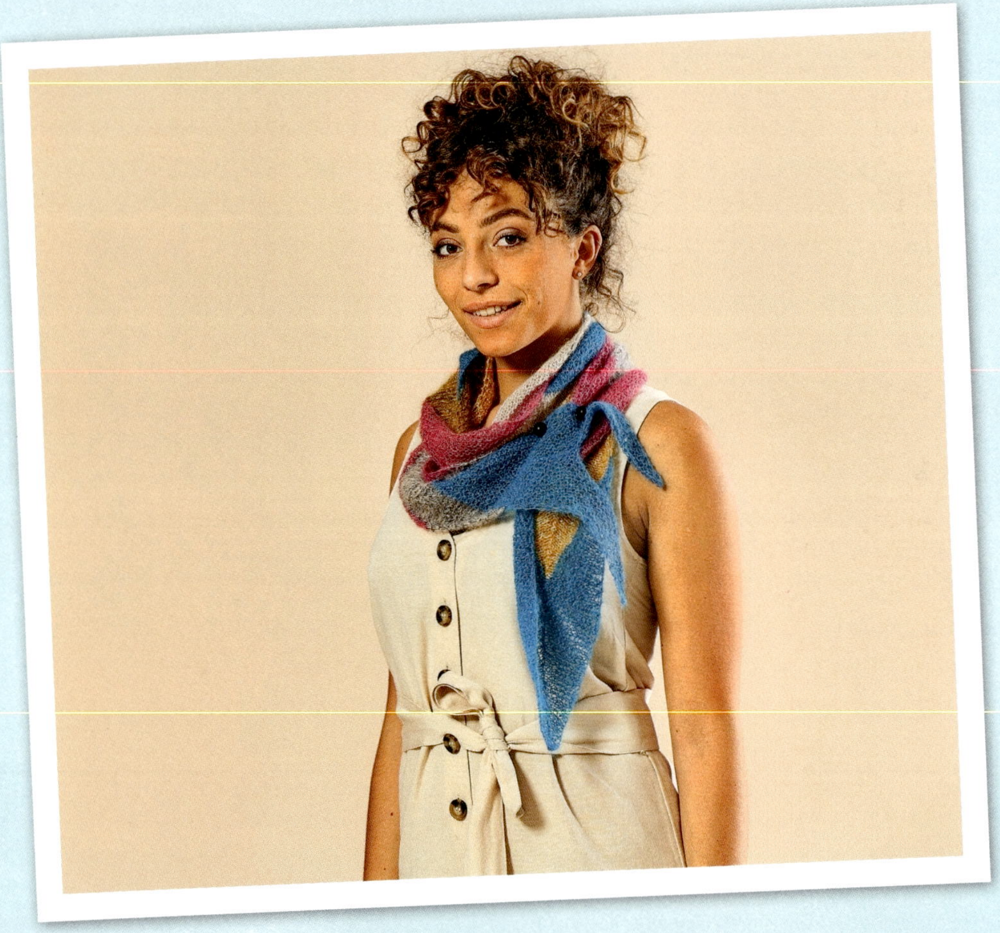

Rosarot

Tuch in Quadratform ✻✻ Größe: ca. 110 cm breit, ca. 58 cm hoch (im Quadrat gemessen)

Material

- Lang Yarns „Bloom" (70 % Baumwolle, 18 % Viskose, 12 % Leinen, Lauflänge ca. 450 m/150 g): 300 g Grau-Rosa
- Rundstricknadel Nr. 3,5 mit mind. 100 cm langem Seil
- evtl. 3 Maschenmarkierer

Maschenprobe

Glatt rechts:

22 M und 32 R = 10 x 10 cm

Hinweis: Den ersten Bobbel von innen und den zweiten Bobbel von außen verstricken.

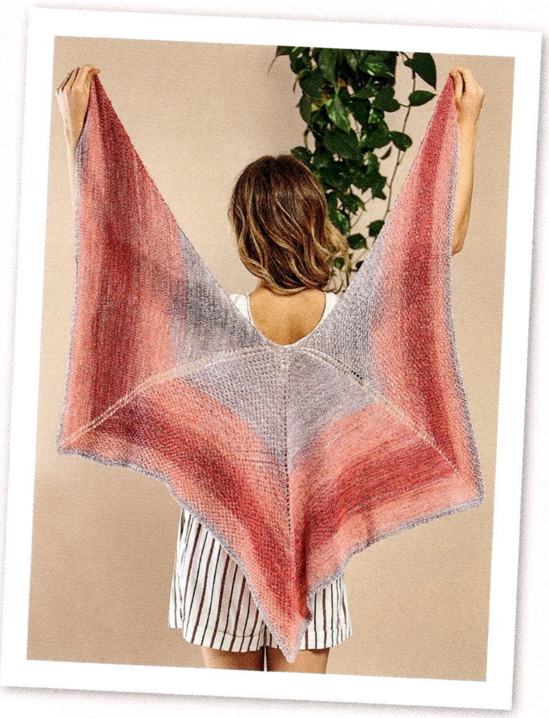

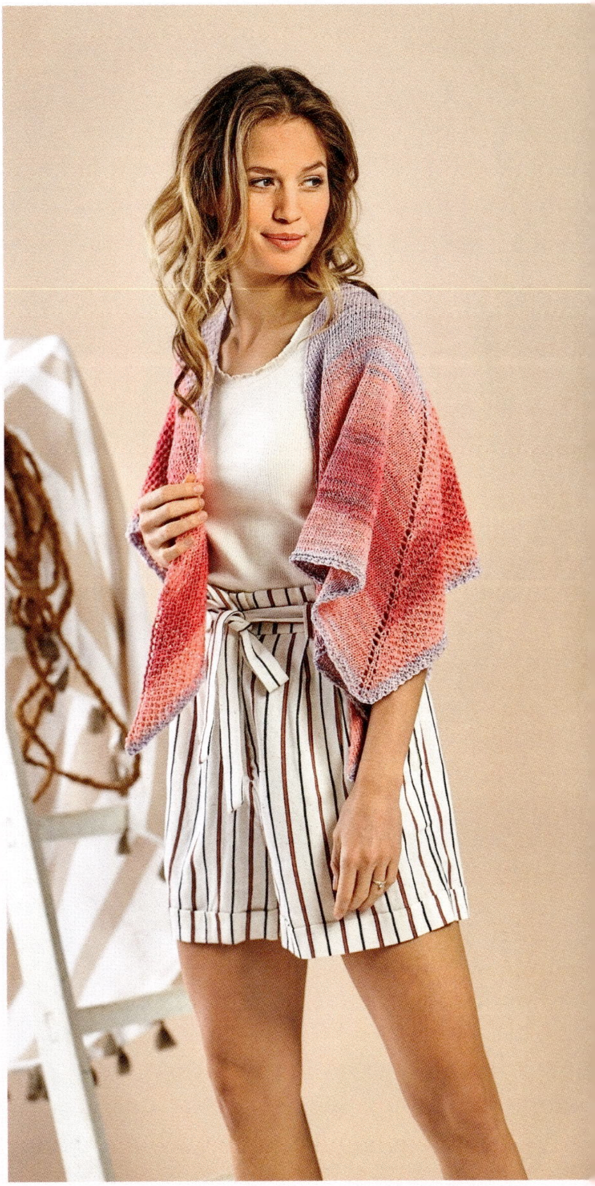

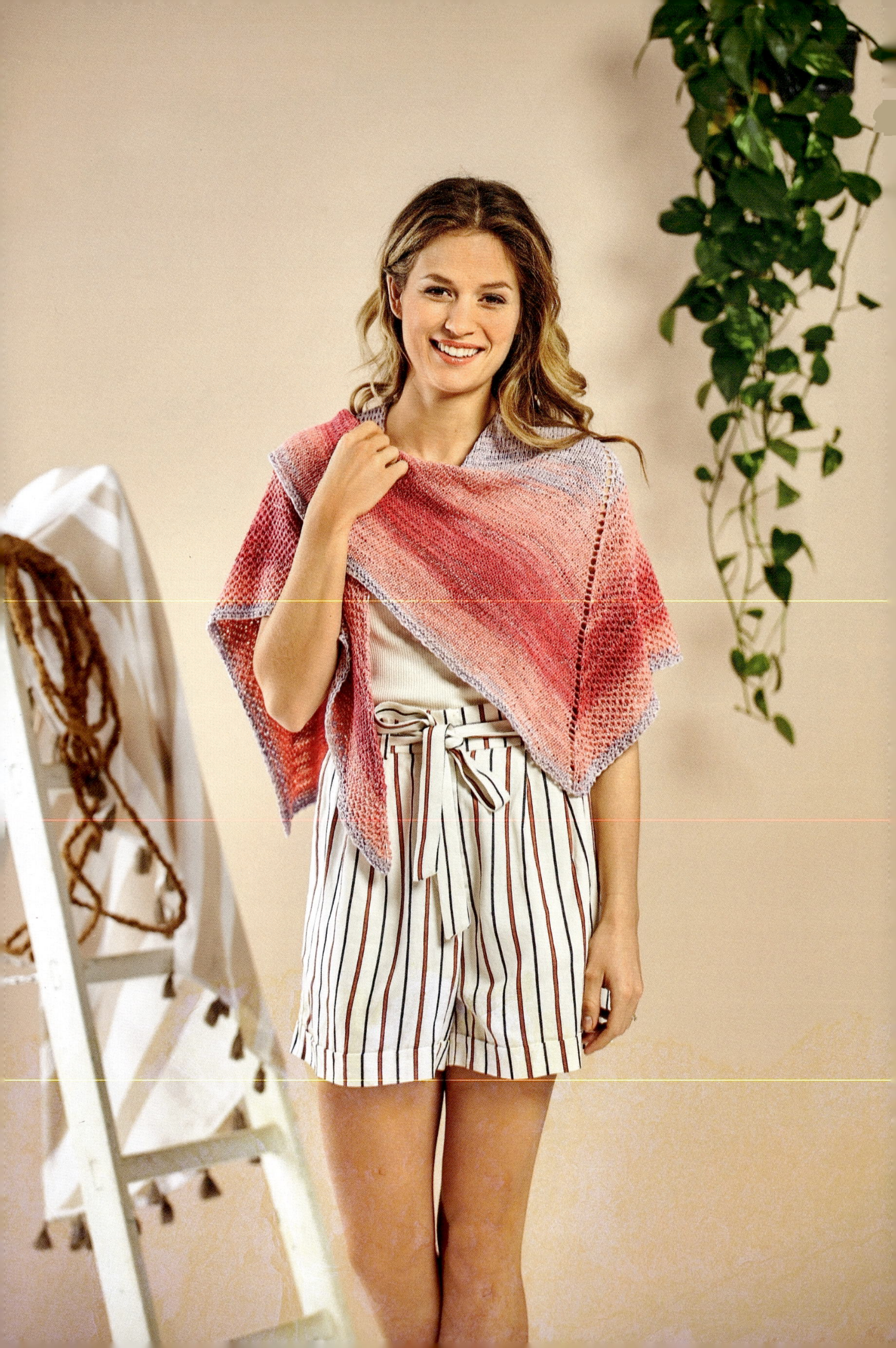

So wird's gemacht

3 M anschlagen und wie folgt in R stricken:

1. R (Hin-R): 2x [1 M rechts, 1 U], 1 M rechts (= 5 M).

2. R (Rück-R): 1 M rechts, 3 M links, 1 M rechts.

3. R: 4x [1 M rechts, 1 U], 1 M rechts (= 9 M).

4. R: 1 M rechts, links stricken bis zur letzten M, 1 M rechts.

5. R: 2x [1 M rechts, 1 U], MM setzen, 2x [1 M rechts, 1 U], MM setzen, 2x [1 M rechts, 1 U], MM setzen, 2x [1 M rechts, 1 U], 1 M rechts (= 17 M).

6. R: 1 M rechts, links stricken bis zur letzten M, 1 M rechts.

7. R: 1 M rechts, 1 U, * rechts stricken bis zum MM, 1 U, MM abheben, 1 M rechts, 1 U, ab * noch 2x wiederholen, rechts stricken bis zur letzten M, 1 U, 1 M rechts (= 25 M).

8. R: 1 M rechts, 1 M links, * 1 M rechts, 1 M mit 1 U wie zum Linksstricken abheben, ab * wiederholen bis 3 M vor dem MM, 1 M rechts, 2 M links, MM abheben, links stricken bis zum MM, MM abheben, 1 M links, ** 1 M rechts, 1 M mit 1 U wie zum Linksstricken abheben, ab ** wiederholen bis 3 M vor dem MM, 1 M rechts, 2 M links, MM abheben, links stricken bis zur letzten M, 1 M rechts.

9. R: 1 M rechts, 1 U, rechts stricken bis zum MM, 1 U, MM abheben, 1 M rechts, 1 U, rechts stricken bis zum MM, jedoch die M mit U rechts zusammenstricken, 1 U, MM abheben, 1 M rechts, 1 U, rechts stricken bis zum MM, 1 U, MM abheben, 1 M rechts, 1 U, rechts stricken bis zur letzten M, jedoch die M mit U rechts zusammenstricken, 1 U, 1 M rechts (= 8 M zugenommen).

Die 8. und 9. R noch 64x wiederholen (= 128 R). Es sind nun insgesamt 137 R gestrickt.

Nächste R: Alle M rechts stricken, jedoch wie in der 8. R die M nach und vor den Rand-M und vor und nach den MM weiterhin links stricken.

Nächste R: Alle M rechts stricken.

Alle M elastisch abketten (siehe Seite 28).

Fertigstellung: Das Strickstück befeuchten und im Quadrat spannen. Alle Fäden vernähen.

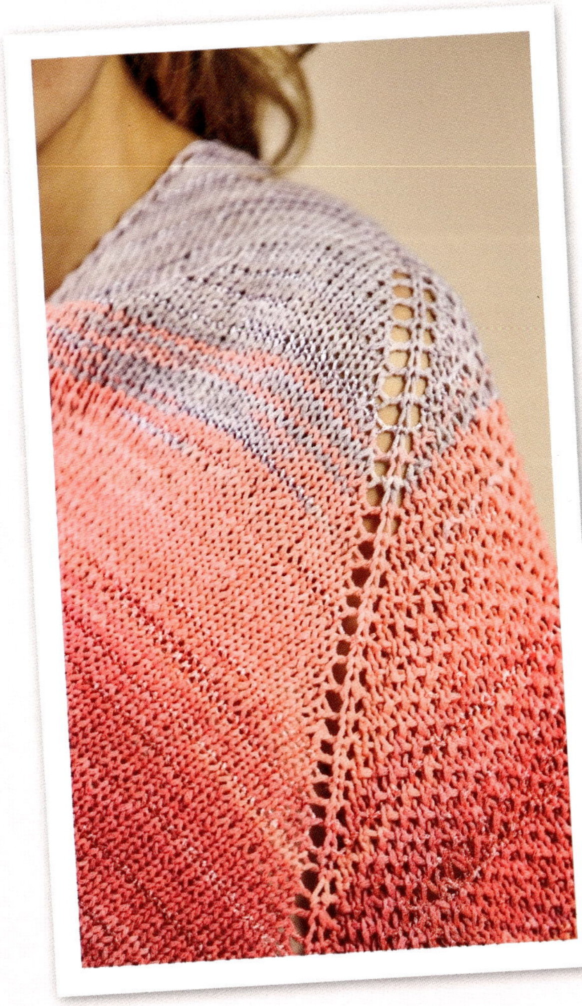

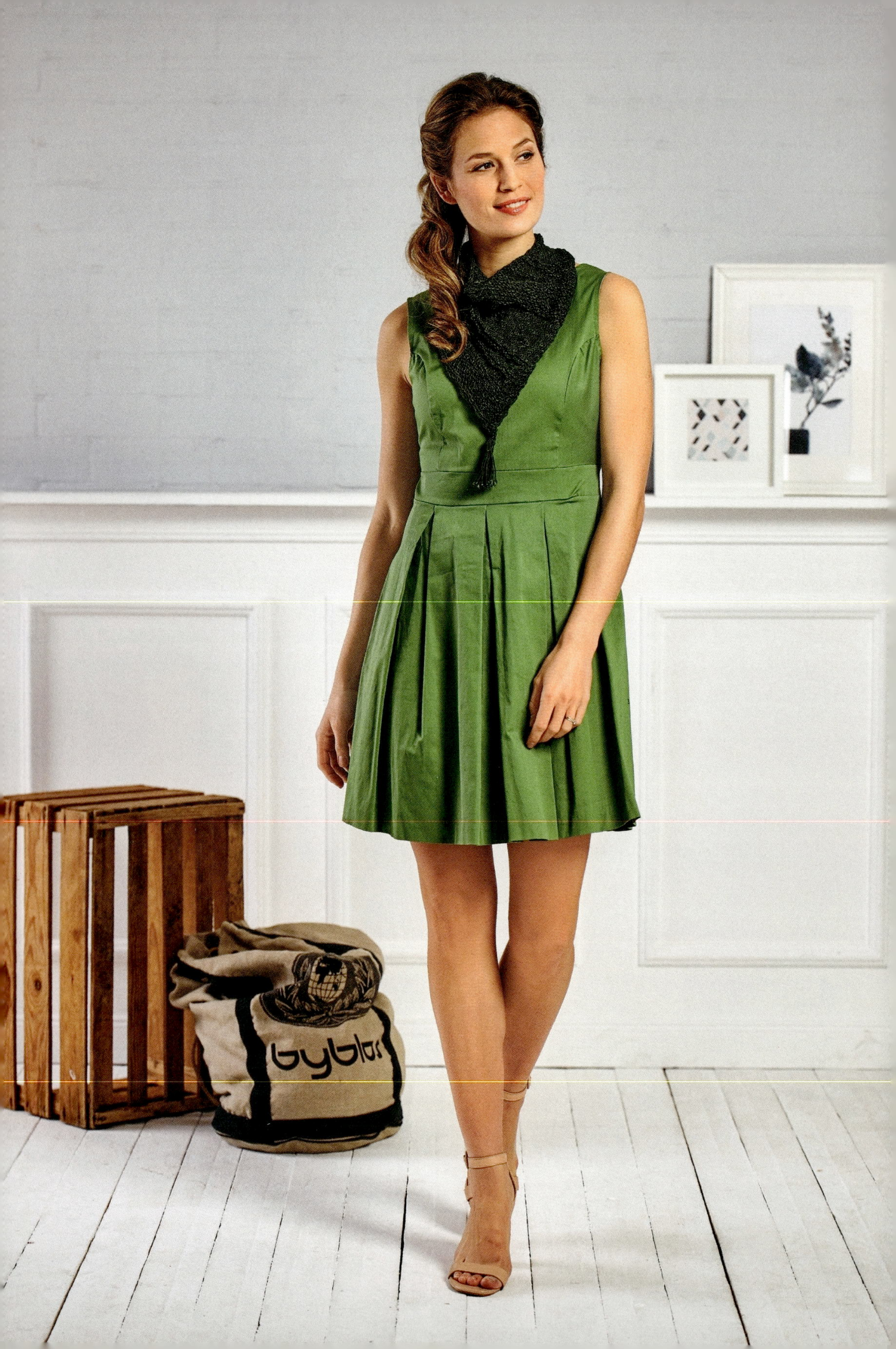

Evergreen

Dreieckstuch mit Knopfverschluss ✱ Größe: ca. 55 cm breit, ca. 32 cm hoch

Material

- Gedifra „Riviera" (72 % Baumwolle, 16 % Seide, 12 % Viskose, Lauflänge ca. 100 m/50 g): 100 g Grün
- Rundstricknadel Nr. 4
- Knopf, ø ca. 4 cm

Patentrand: Der Patentrand wird über die ersten und die letzten 3 M (Rand-M) jeder R wie folgt gestrickt: In den **Hin-R am R-Anfang:** 1 M rechts verschränkt, 1 M wie zum Linksstricken abheben, dabei den Faden vor der Arbeit weiterführen, 1 M rechts. In den **Hin-R am R-Ende:** 1 M rechts, 1 M wie zum Linksstricken abheben, dabei den Faden vor der Arbeit weiterführen, 1 M rechts. In den **Rück-R am R-Anfang:** 1 M wie zum Linksstricken abheben, dabei den Faden vor der Arbeit weiterführen, 1 M rechts, 1 M wie zum Linksstricken abheben, dabei den Faden vor der Arbeit weiterführen. In den **Rück-R am R-Ende:** 1 M wie zum Linksstricken abheben, dabei den Faden vor der Arbeit weiterführen, 1 M rechts, 1 M wie zum Linksstricken abheben, dabei den Faden vor der Arbeit weiterführen.

Glatt rechts: In Hin-R rechte M, in Rück-R linke M stricken.

Kraus rechts: In Hin- und Rück-R rechte M stricken.

Maschenprobe

Glatt rechts:

20 M und 28 R = 10 x 10 cm

So wird's gemacht

7 M anschlagen und in R wie folgt stricken, dabei die Rand-M als Patentrand arbeiten:

1. R: 3 Rand-M, 1 M verdoppeln (= 2 M aus 1 M herausstricken: 1 M rechts, 1 M rechts verschränkt), 3 Rand-M (= 8 M).

2. R: 3 Rand-M, 2 M rechts, 3 Rand-M.

3. R: 3 Rand-M, 1 M verdoppeln, 1 M rechts, 3 Rand-M (= 9 M).

4. R: 3 Rand-M, 3 M rechts, 3 Rand-M.

5. R: 3 Rand-M, 1 M verdoppeln, 2 M rechts, 3 Rand-M (= 10 M).

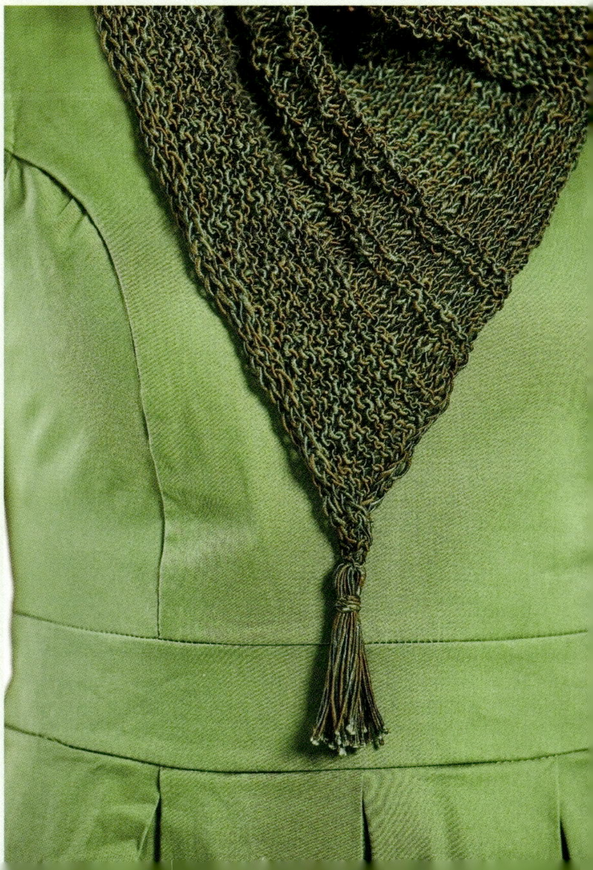

6. R: 3 Rand-M, 4 M rechts, 3 Rand-M.
7. R: 3 Rand-M, 1 M verdoppeln, 3 M rechts, 3 Rand-M (= 11 M).
8. R: 3 Rand-M, 5 M rechts, 3 Rand-M.
Nach diesem Prinzip fortfahren und weitere 12 R stricken. Die Zunahmen werden immer so weitergestrickt bis zum Ende des Tuches, auch die Rand-M bleiben.
Weitere 20 R glatt rechts stricken.
In den folgenden 16 R abwechselnd 4 R kraus rechts und 4 R glatt rechts stricken.
Weitere 20 R kraus rechts, dann 20 R glatt rechts und noch einmal 16 R im Wechsel 4 R kraus rechts und 4 R glatt rechts stricken.
Zum Abschluss 16 R kraus rechts stricken. In der folgenden R nach den 3 Rand-M 1 M verdoppeln, 4 M abketten, den Rest der R laut Muster stricken. In der Rück-R an dieser Stelle wieder 4 M aufstricken. Mit 2 R kraus rechts abschließen. Nun alle M mit einem I-Cord abketten, dazu 4 M am R-Anfang aufstricken, dann * 3 M rechts, 2 M rechts verschränkt zusammenstricken, diese 4 M zurück auf die linke Nadel heben, ab * stets wiederholen, bis nur noch 4 M auf der Nadel sind. Die Nadel drehen, die vorhandenen M normal links abketten.

Fertigstellung: Das Strickstück befeuchten und spannen. Alle Fäden vernähen. Den Knopf in der Ecke am Tuchanfang annähen. Eine Quaste mit etwa 7 cm Länge herstellen und an der Spitze annähen.

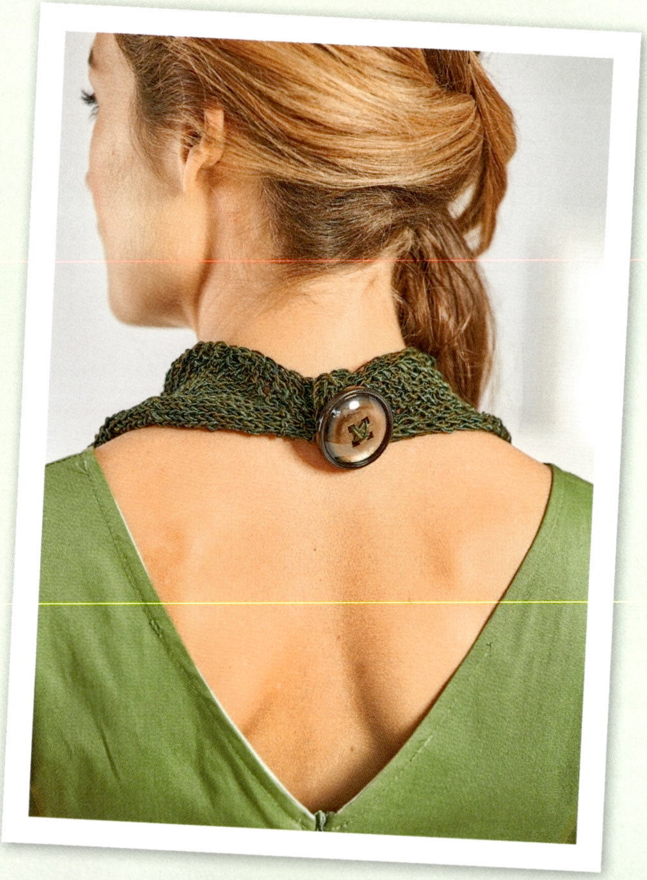

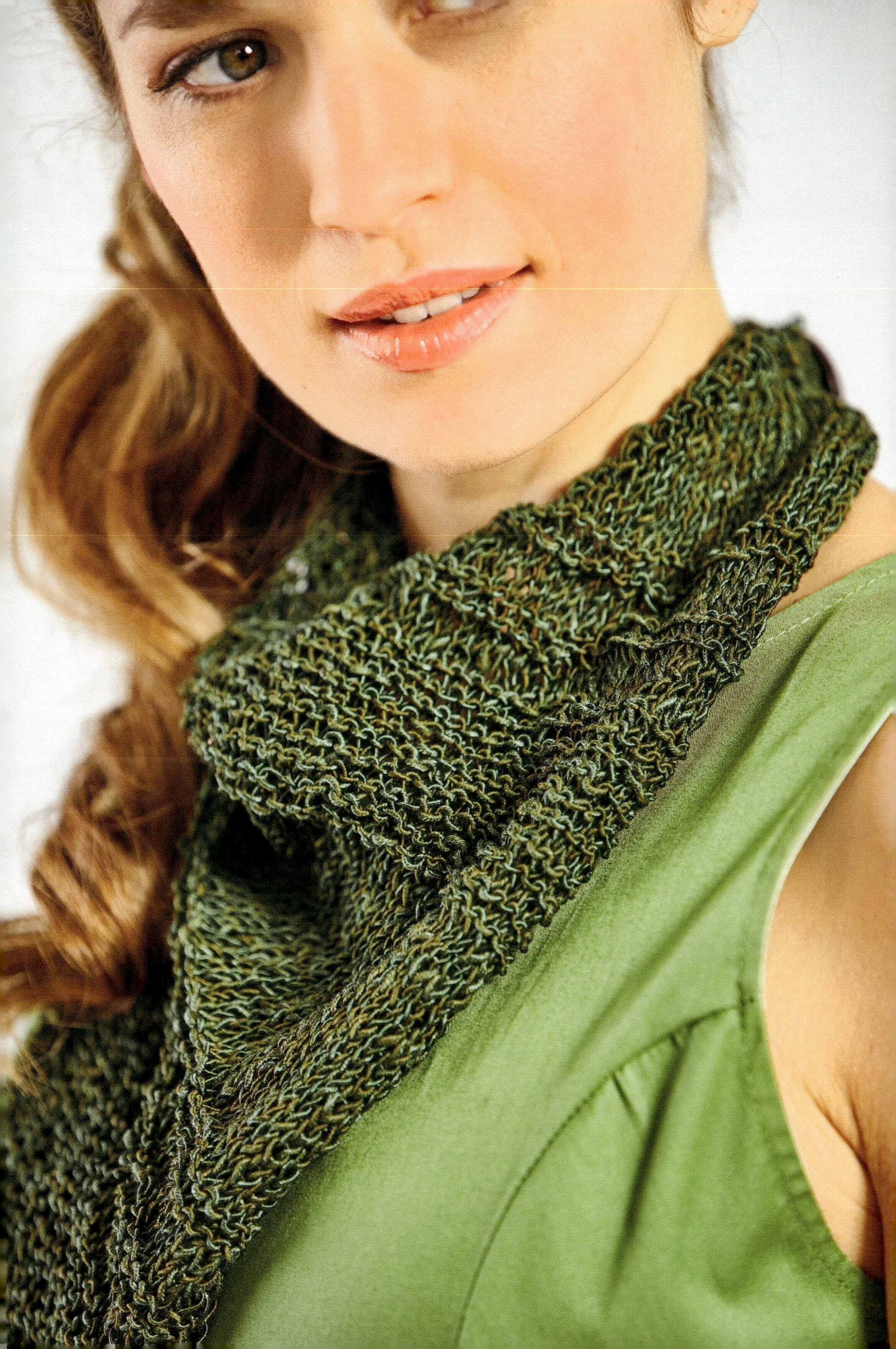

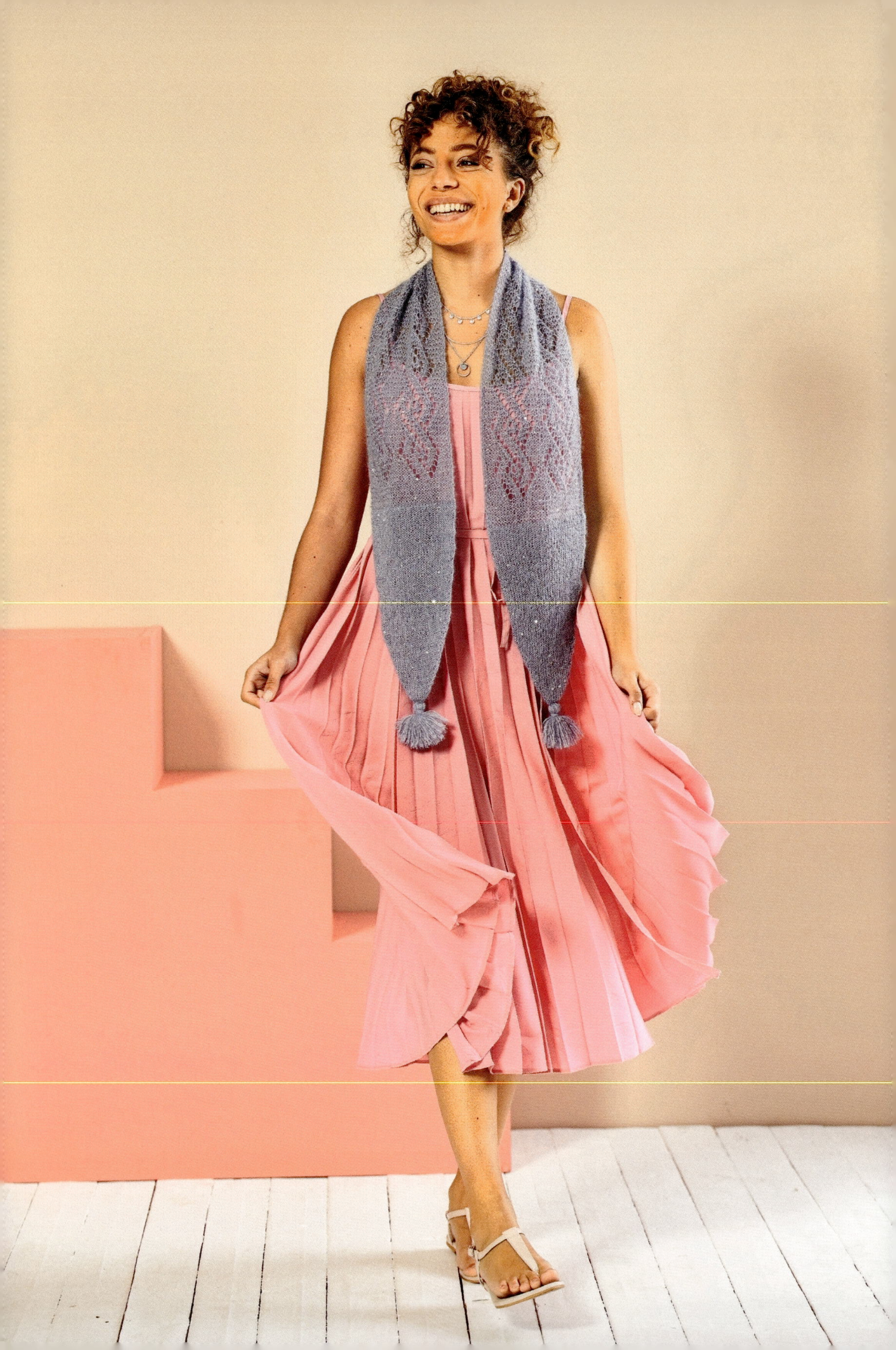

Zarte Eleganz

Laceschal mit Paillettengarn ✱✱ Größe: ca. 150 cm lang (ohne Quasten), ca. 18 cm breit

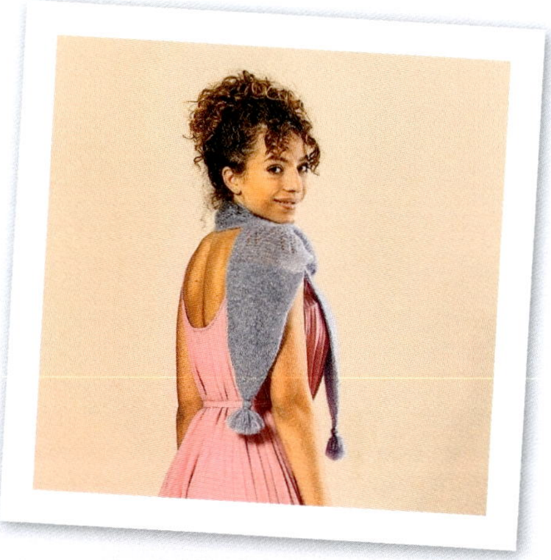

Material

- Lang Yarns „Mohair Fancy" (38 % Mohair, 35 % Wolle, 18 % Seide, 5 % Polyester, 4 % Polyamid, Lauflänge ca. 140 m/25 g): 75 g Jeans hell
- Addi CraSyTrio Nr. 3,5
- 2 Rundstricknadeln Nr. 4
- evtl. 2 Maschenmarkierer

Glatt rechts: In Rd stets rechte M stricken.
Kraus rechts: In Hin- und Rück-R rechte M stricken.
Lacemuster: siehe auch Strickschrift.
Abkürzung beachten: ssk = 2 M nacheinander wie zum Rechtsstricken abheben, dann rechts zusammenstricken (engl. ssk = slip, slip, knit).
1. R (Hin-R): 5 M rechts, 1 U, ssk, 2 M rechts, 1 U, ssk, 5 M rechts.
2. R (Rück-R) und alle folgenden Rück-R: Alle M rechts stricken.
3. R: 3 M rechts, 2 M rechts zusammenstricken, 1 U, 1 M rechts, 1 U, ssk, 2 M rechts, 1 U, ssk, 4 M rechts.
5. R: 2 M rechts, 2 M rechts zusammenstricken, 1 U, 3 M rechts, 1 U, ssk, 2 M rechts, 1 U, ssk, 3 M rechts.
7. R: 1 M rechts, 2 M rechts zusammenstricken, 1 U, 2 M rechts, 2 M rechts zusammenstricken, 1 U, 1 M rechts, 1 U, ssk, 2 M rechts, 1 U, ssk, 2 M rechts.
9. R: 2 M rechts zusammenstricken, 1 U, 2 M rechts, 2 M rechts zusammenstricken, 1 U, 3 M rechts, 1 U, ssk, 2 M rechts, 1 U, ssk, 1 M rechts.
11. R: 2 M rechts, 1 U, ssk, 2 M rechts, 1 U, ssk, 1 U, 3 M rechts verschränkt zusammenstricken, 1 U, 2 M rechts, 2 M rechts zusammenstricken, 1 U, 1 M rechts.
13. R: 3 M rechts, 1 U, ssk, 2 M rechts, 1 U, 3 M rechts verschränkt zusammenstricken, 1 U, 2 M rechts, 2 M rechts zusammenstricken, 1 U, 2 M rechts.
15. R: 4 M rechts, 1 U, ssk, 2 M rechts, 1 U, ssk, 1 M rechts, 2 M rechts zusammenstricken, 1 U, 3 M rechts.
16. R: Alle M rechts stricken.
Die 1.–16. R stets wiederholen.
Arbeiten nach Strickschrift: Es sind die Hin- und Rück-R gezeichnet. Den Mustersatz (MS) von 16 M und die 1.–16. R wie in der Anleitung angegeben wiederholen.
Perlmuster (über 3 Maschen): In jeder R 1 M rechts, 1 M links, 1 M rechts stricken.

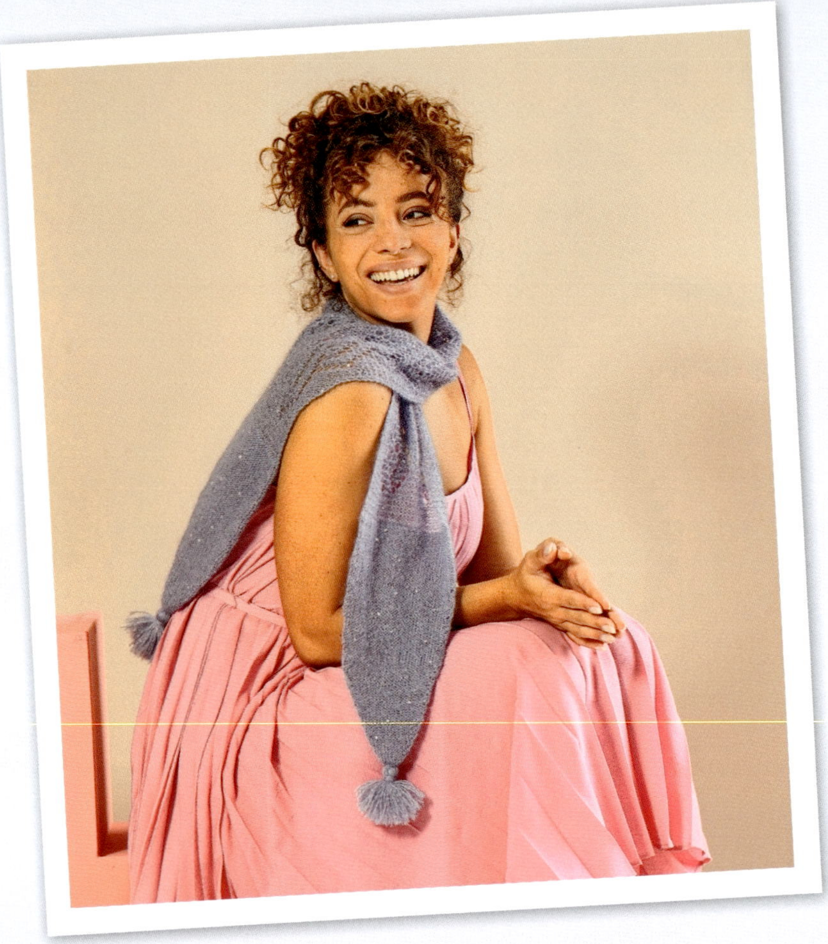

Maschenprobe

Glatt rechts:

24 M und 34 R = 10 x 10 cm

So wird's gemacht

16 M auf dem CraSyTrio Nr. 3,5 anschlagen (8 M pro Nadel). Die Arbeit zur Rd schließen und in der 1. Rd rechte M stricken.

2. Rd (Zunahme-Rd): Rechte M stricken, dabei die 1. M und die letzte M jeder Nadel verdoppeln (= 2 M aus 1 M herausstricken: 1 M rechts, 1 M rechts verschränkt) (= 4 M zugenommen = 20 M).

3. und 4. Rd: Alle M rechts stricken.

Die 2.–4. Rd wiederholen, bis insgesamt 60 M auf den Nadeln sind (pro Nadel 30 M).

Von nun an nach der Zunahme-Rd 9 Rd glatt rechts stricken. Nach diesem Prinzip stricken, bis 76 M auf der Nadel sind (pro Nadel 38 M).

Zum Abschluss 16 Rd glatt rechts stricken.

Nun zur Rundstricknadel wechseln und in R weiterarbeiten. Dazu die CraSyTrio-Nadeln nebeneinanderlegen und in die linke Hand nehmen. In die rechte Hand zum Abstricken die Rundstricknadel nehmen. * Mit der Rundstricknadel in die 1. M der vorderen und hinteren Trio-Nadel einstechen, den Faden durchholen und diese M zusammenstricken. Ab * wiederholen, bis alle M zusammengestrickt sind. Auf der Rundstricknadel befinden sich jetzt 38 M. Nun 10 R kraus rechts stricken.

Jetzt die M wie folgt einteilen: 3 M im Perlmuster, 2x den Mustersatz von 16 M Lacemuster (= 32 M), 3 M Perlmuster.
In dieser Einteilung die 1.–16. R des Lacemusters insgesamt 6x stricken (= 96 R), zuletzt noch 1x die 1. und 2. R des Lacemusters arbeiten. Anschließend weitere 9 R kraus rechts stricken. Dieses Schalende erst einmal beiseitelegen.
Ein zweites Schalende genauso auf einer zweiten Rundstricknadel stricken.
Jetzt die beiden Schalenden rechts auf rechts aufeinanderlegen und die M zusammen wie folgt elastisch abketten: ** In die 1. M der vorderen und der hinteren Nadel einstechen und den Faden durch beide M holen, mit der 2. M der beiden Nadeln wiederholen. Nun mit der linken Nadel vorn in beide M auf der rechten Nadel einstechen und mit der rechten Nadel den Faden durchholen = 1 M abgekettet. Ab ** wiederholen, bis alle M abgekettet sind.

Fertigstellung: Zwei Quasten von ca. 6 cm anfertigen und je eine Quaste an die Enden des Schals annähen. Das Strickstück befeuchten und spannen. Alle Fäden vernähen.

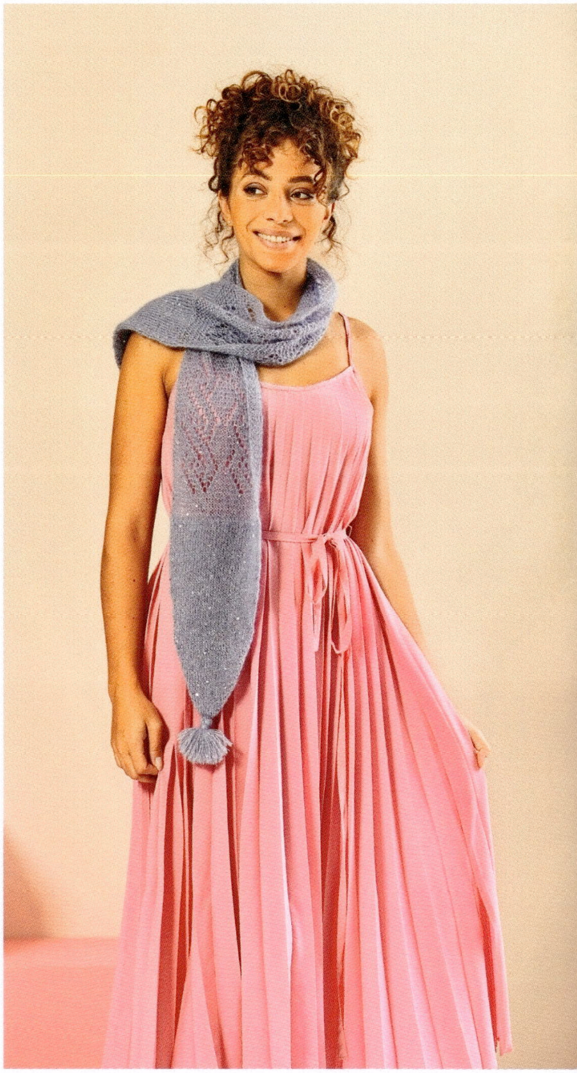

Strickschrift

16	I	I	I	I	I	I	I	I	I	I	I	I	I	I	I	I	
	I	I	I	U	⌵2	I	ssk	U	I	I	ssk	U	I	I	I	I	15
14	I	I	I	I	I	I	I	I	I	I	I	I	I	I	I	I	
	I	I	U	⌵2	I	I	U	<3	U	I	I	ssk	U	I	I	I	13
12	I	I	I	I	I	I	I	I	I	I	I	I	I	I	I	I	
	I	U	⌵2	I	I	U	<3	U	ssk	U	I	I	ssk	U	I	I	11
10	I	I	I	I	I	I	I	I	I	I	I	I	I	I	I	I	
	I	ssk	U	I	I	ssk	U	I	I	I	U	⌵2	I	I	U	⌵2	9
8	I	I	I	I	I	I	I	I	I	I	I	I	I	I	I	I	
	I	I	ssk	U	I	I	ssk	U	I	U	⌵2	I	I	U	⌵2	I	7
6	I	I	I	I	I	I	I	I	I	I	I	I	I	I	I	I	
	I	I	I	ssk	U	I	I	ssk	U	I	I	I	U	⌵2	I	I	5
4	I	I	I	I	I	I	I	I	I	I	I	I	I	I	I	I	
	I	I	I	I	ssk	U	I	I	ssk	U	I	U	⌵2	I	I	I	3
2	I	I	I	I	I	I	I	I	I	I	I	I	I	I	I	I	
	I	I	I	I	I	ssk	U	I	I	ssk	U	I	I	I	I	I	1

MS

Zeichenerklärung

I = 1 M rechts

⌵2 = 2 M rechts zusammenstricken

U = 1 U

ssk = 2 M nacheinander wie zum Rechtsstricken abheben, dann rechts zusammenstricken (engl. ssk = slip, slip, knit)

<3 = 3 M rechts verschränkt zusammenstricken

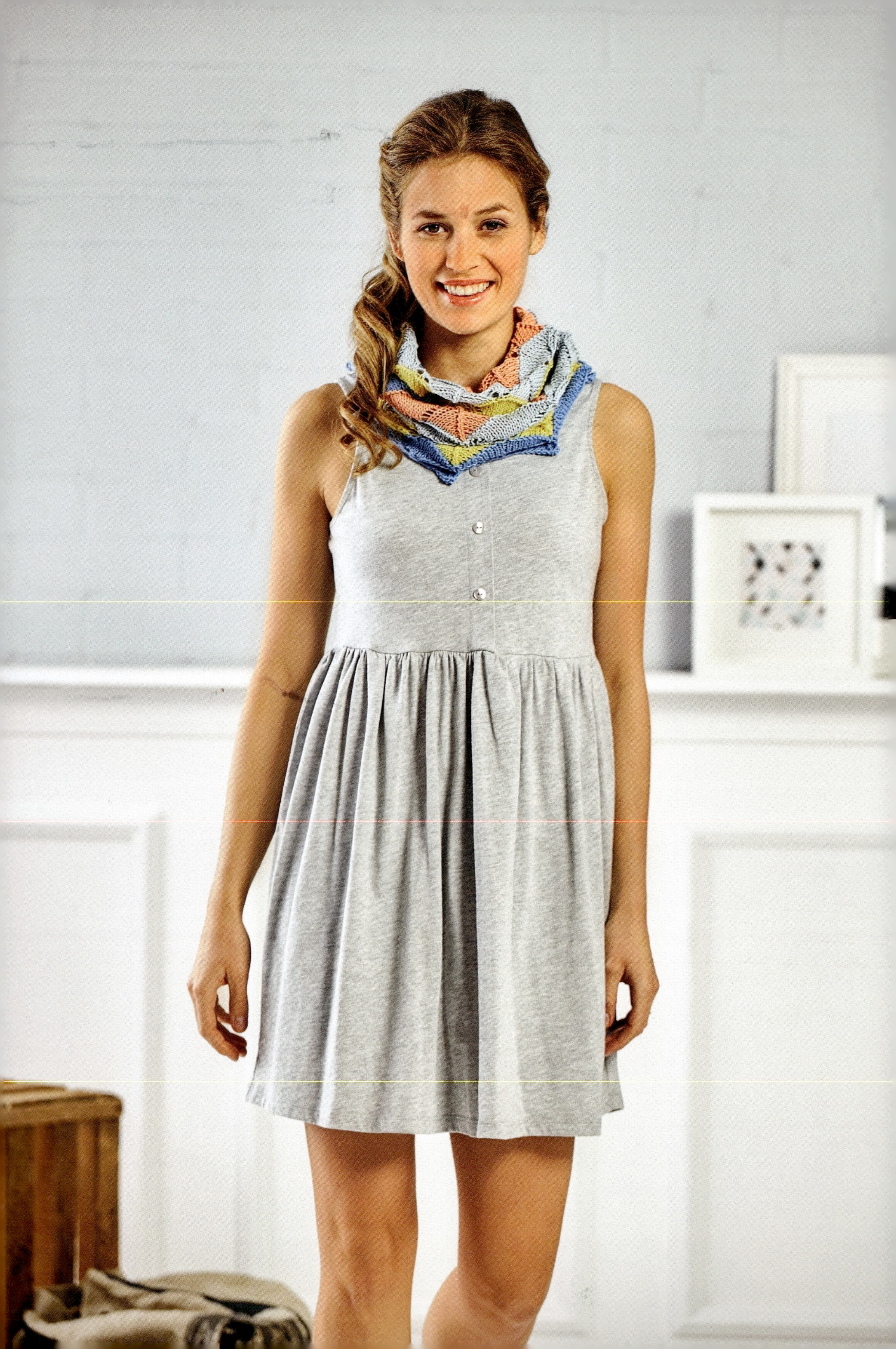

Farbenspiel

Loop ✱

Größe: ca. 45 cm hoch, 32 cm breit

Material

- Gedifra „Cuor di Cotone 120" (100 % Baumwolle, Lauflänge ca. 120 m/50 g): je 50 g Hellblau, Gelb, Grau und Apricot
- Rundstricknadel Nr. 4 mit 60 cm langem Seil
- evtl. 1 Maschenmarkierer

Lacemuster: siehe auch Strickschrift.

1. Rd: Alle M rechts stricken.

2. Rd: 1 U, 7 M rechts, 1 doppelter Überzug mit aufliegender Mittel-M (= 2 M zusammen wie zum Rechtsstricken abheben, 1 M rechts stricken, dann die beiden abgehobenen M überziehen), 7 M rechts, 1 U, 1 M rechts.

3. Rd: 1 M rechts, 1 U, 6 M rechts, 1 doppelter Überzug mit aufliegender Mittel-M, 6 M rechts, 1 U, 2 M rechts.

4. Rd: 2 M rechts, 1 U, 5 M rechts, 1 doppelter Überzug mit aufliegender Mittel-M, 5 M rechts, 1 U, 3 M rechts

5. Rd: 3 M rechts, 1 U, 4 M rechts, 1 doppelter Überzug mit aufliegender Mittel-M, 4 M rechts, 1 U, 4 M rechts.

6. Rd: 4 M rechts, 1 U, 3 M rechts, 1 doppelter Überzug mit aufliegender Mittel-M, 3 M rechts, 1 U, 5 M rechts.

7. Rd: 5 M rechts, 1 U, 2 M rechts, 1 doppelter Überzug mit aufliegender Mittel-M, 2 M rechts, 1 U, 6 M rechts.

8. Rd: 6 M rechts, 1 U, 1 M rechts, 1 doppelter Überzug mit aufliegender Mittel-M, 1 M rechts, 1 U, 7 M rechts.

9. Rd: 7 M rechts, 1 U, 1 doppelter Überzug mit aufliegender Mittel-M, 1 U, 8 M rechts.

10. Rd: Alle M rechts stricken.

11. Rd: Alle M links stricken.

Die 1.–11. Rd stets wiederholen.

Arbeiten nach Strickschrift: Es sind alle Rd gezeichnet. Den Mustersatz (MS) von 18 M und die 1.–11. Rd stets wiederholen, dabei die in der Anleitung angegebenen Farbwechsel beachten.

Maschenprobe

Glatt rechts:

20 M und 28 R = 10 x 10 cm

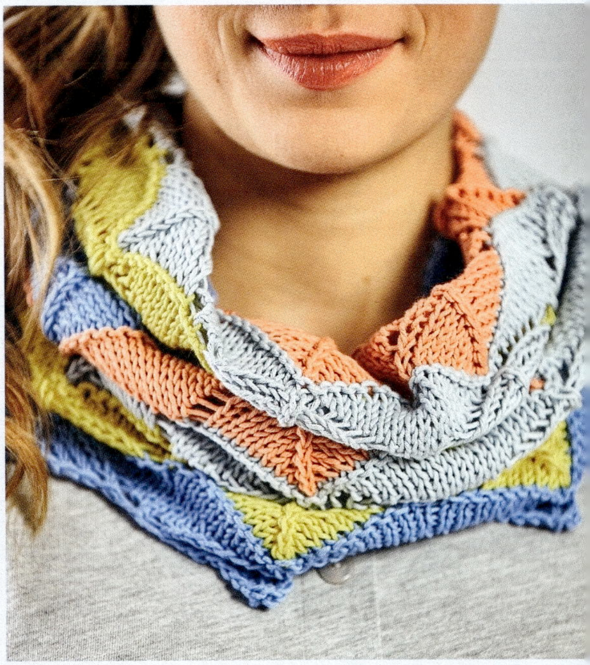

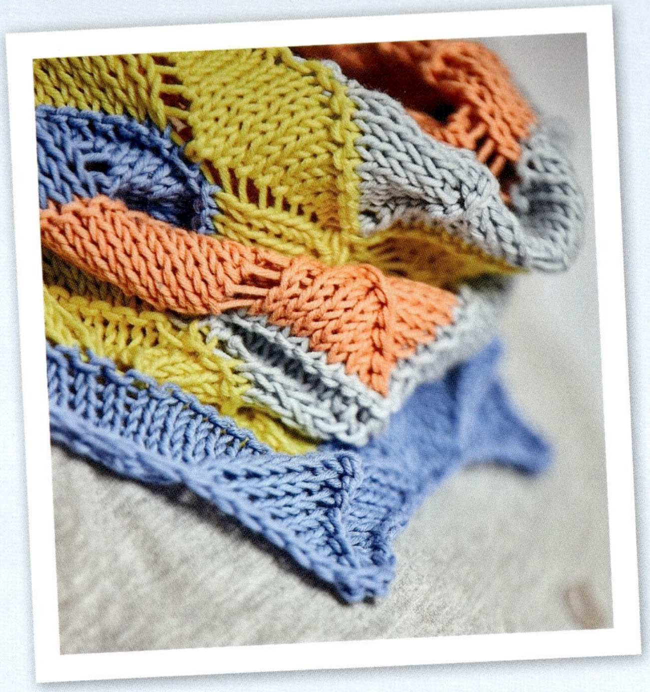

So wird's gemacht

126 M in Hellblau anschlagen. Die Arbeit zur Rd schließen und den Rd-Anfang mit einem MM kennzeichnen. Im Lacemuster stricken: Den Mustersatz von 18 M pro Rd 7x stricken, die 1.–11. Rd 1x arbeiten. Jetzt die Farbe wechseln und in Gelb die 1.–11. Rd des Lacemusters arbeiten. Anschließend das Lacemuster auch 1x in Grau und danach in Apricot stricken. Es sind nun 44 Rd gestrickt.
Nun in der gleichen Farbfolge (Hellblau, Gelb, Grau und Apricot) noch 1x wiederholen (= 44 Rd).
Abschließend noch 1x das Lacemuster in Hellblau stricken (= 11 Rd). Es sind nun insgesamt 99 Rd gestrickt.
Zum Schluss alle M elastisch abketten (siehe Seite 28).

Fertigstellung: Das Strickstück befeuchten und spannen. Alle Fäden vernähen.

Strickschrift

–	–	–	–	–	–	–	–	–	–	–	–	–	–	–	–	–	–	11
I	I	I	I	I	I	I	I	I	I	I	I	I	I	I	I	I	I	10
I	I	I	I	I	I	I	I	U	↑	U	I	I	I	I	I	I	I	9
I	I	I	I	I	I	I	U	I	↑	I	U	I	I	I	I	I	I	8
I	I	I	I	I	I	U	I	I	↑	I	I	U	I	I	I	I	I	7
I	I	I	I	I	U	I	I	I	↑	I	I	I	U	I	I	I	I	6
I	I	I	I	U	I	I	I	I	↑	I	I	I	I	U	I	I	I	5
I	I	I	U	I	I	I	I	I	↑	I	I	I	I	I	U	I	I	4
I	I	U	I	I	I	I	I	I	↑	I	I	I	I	I	I	U	I	3
I	U	I	I	I	I	I	I	I	↑	I	I	I	I	I	I	I	U	2
I	I	I	I	I	I	I	I	I	I	I	I	I	I	I	I	I	I	1

MS

Zeichenerklärung

I = 1 M rechts

– = 1 M links

U = 1 U

↑ = 1 doppelter Überzug mit aufliegender Mittel-M (= 2 M zusammen wie zum Rechtsstricken abheben, 1 M rechts stricken, dann die beiden abgehobenen M überziehen)

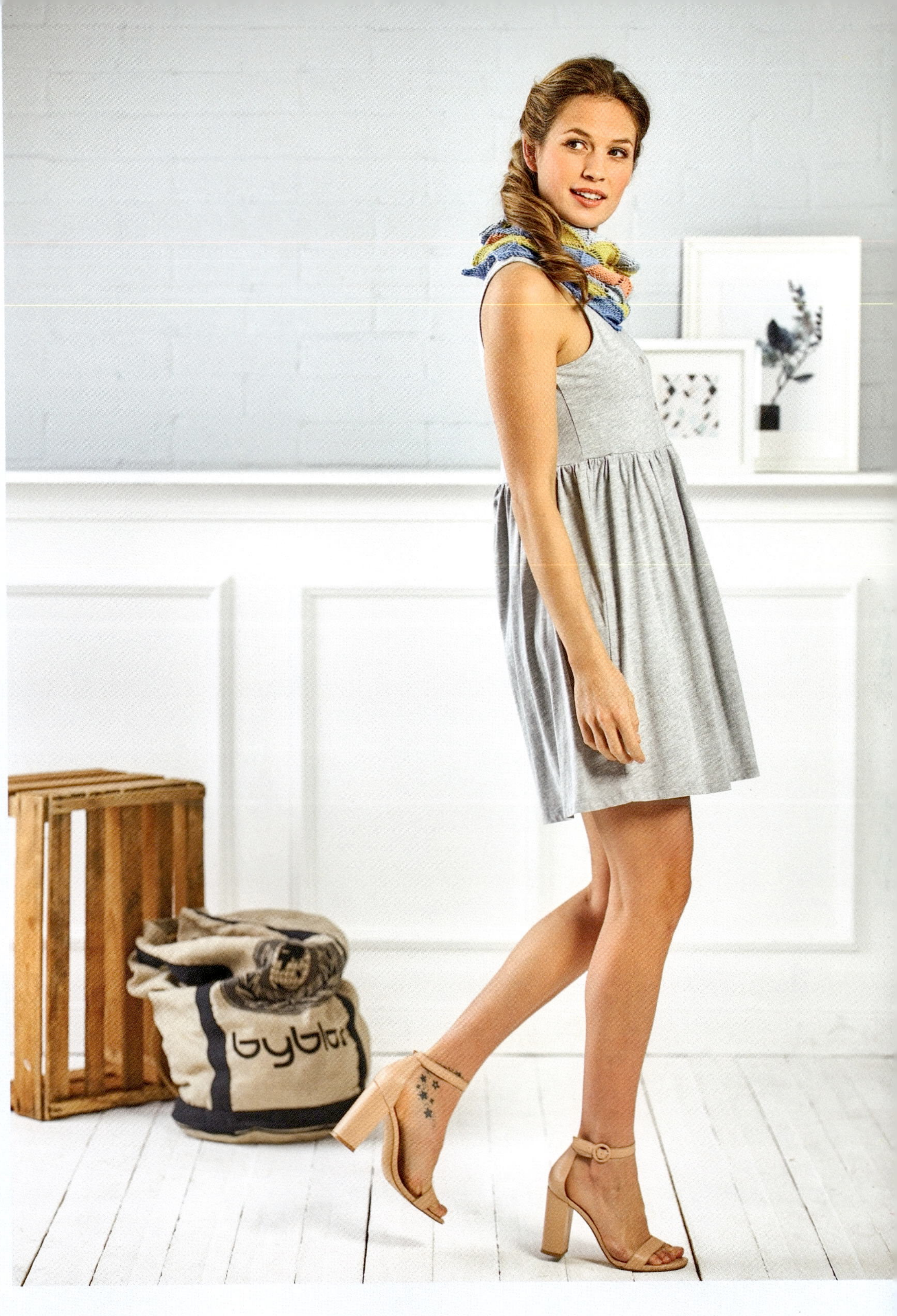

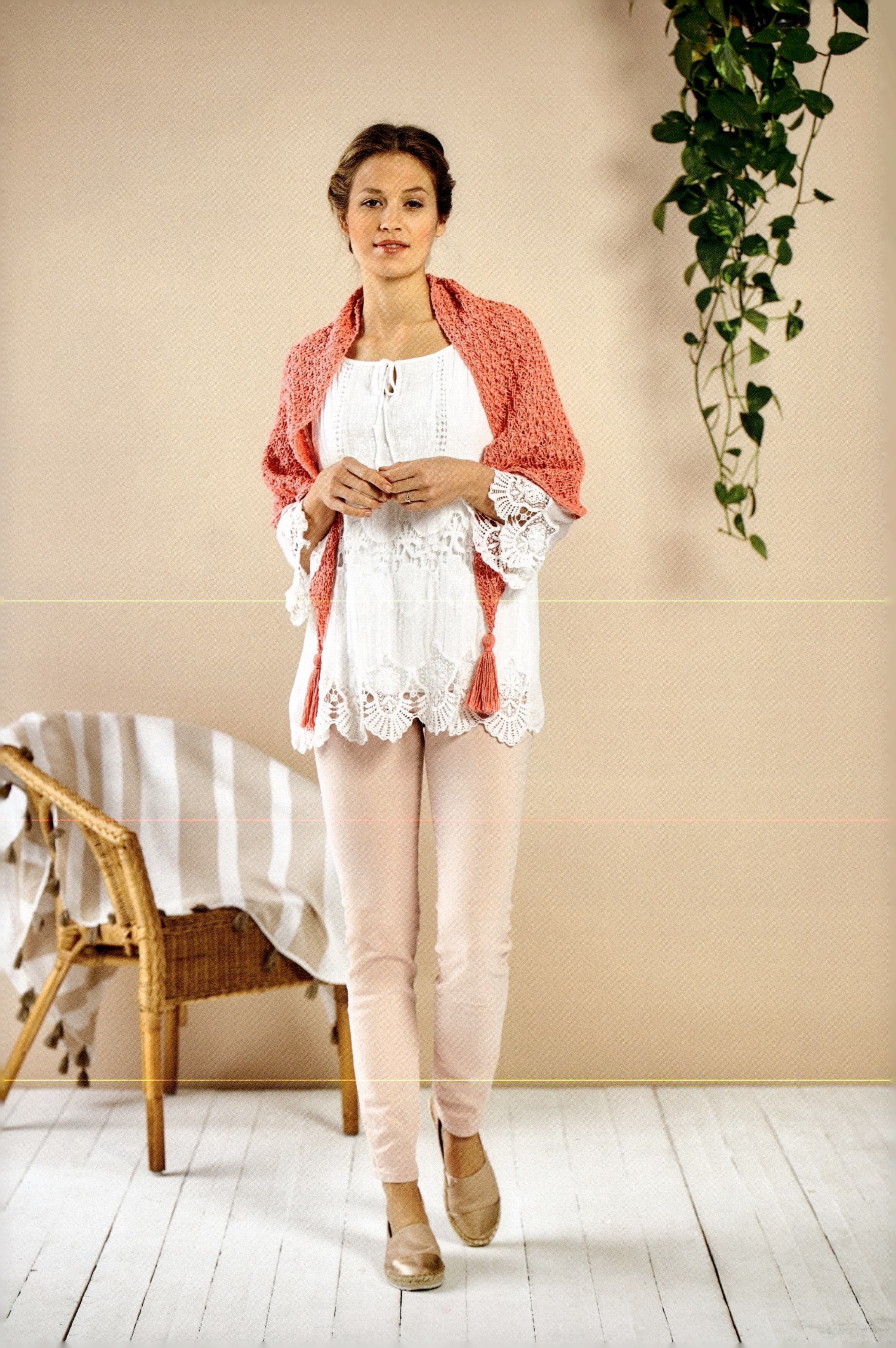

Sommerromantik

Dreieckstuch **

Größe: ca. 153 cm breit (ohne Quasten), ca. 64 cm hoch

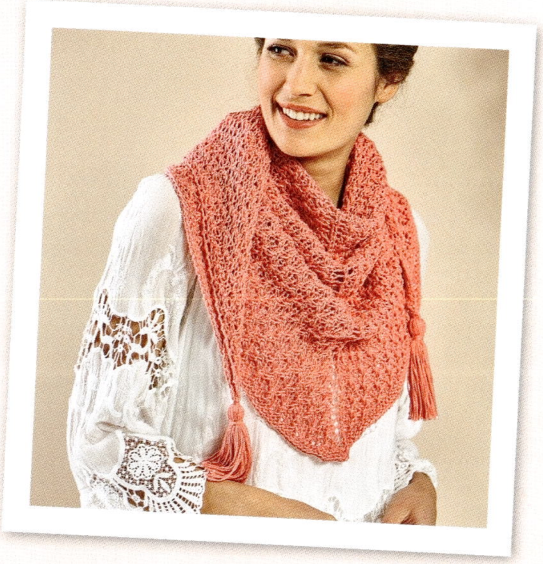

Material

- Schachenmayr „Summer Shine" (85 % Baumwolle, 6 % Viskose, 6 % Polyamid, 3 % Polyester, Lauflänge ca. 145 m/50 g): 200 g Coral
- Rundstricknadel Nr. 4 mit 100 cm langem Seil
- evtl. 1 Maschenmarkierer

Maschenprobe

Glatt rechts:
21 M und 32 R = 10 x 10 cm

Hinweis: Sollen in der folgenden Anleitung 3 M links zusammengestrickt werden, bitte stets wie folgt arbeiten:
3 M links zusammenstricken: 3 M links zusammenstricken, jedoch nicht von der Nadel gleiten lassen, 1 U und noch einmal die 3 M links zusammenstricken, dann von der Nadel gleiten lassen.

So wird's gemacht

3 M anschlagen und wie folgt in R stricken und dabei in den Hin-R wie beschrieben mit U zunehmen:
1. R (Hin-R): 2x [1 M rechts, 1 U], 1 M rechts (= 5 M).
2. R (Rück-R): 1 M rechts, 3 M links, 1 M rechts.
3. R: 2x [1 M rechts, 1 U], MM setzen, 2x [1 M rechts, 1 U], 1 M rechts (= 9 M).
4. R: 1 M rechts, links stricken bis zur letzten M, 1 M rechts.
5. R: 1 M rechts, 1 U, rechts stricken bis zum MM, 1 U, MM abheben, 1 M rechts, 1 U, rechts stricken bis zur letzten M, 1 U, 1 M rechts (= 13 M).
6. R: 1 M rechts, links stricken bis zur letzten M, 1 M rechts.
7. R: Wie die 5. R stricken (= 17 M).
8. R: 1 M rechts, links stricken bis zur letzten M, 1 M rechts.
9. R: Wie die 5. R stricken (= 21 M).
10. R: 1 M rechts, 1 M links, * 1 M links stricken, 3 M links zusammenstricken (siehe Hinweis), ab * stets wiederholen, enden mit 5 M links, MM abheben, 1 M links, wieder ab * stets wiederholen, enden mit 4 M links, 1 M rechts.

11. R: Wie die 5. R stricken (= 25 M).

12. R: 1 M rechts, 1 M links, * 3 M links zusammenstricken, 1 M links stricken, ab * stets wiederholen, enden mit 3 M links, MM abheben, 1 M links, wieder ab * stets wiederholen, enden mit 2 M links, 1 M rechts.

13. R: Wie die 5. R stricken (= 29 M).

14. R: 1 M rechts, 1 M links, * 3 M links zusammenstricken, 1 M links stricken, ab * stets wiederholen, enden mit 3 M links zusammenstricken, 2 M links, MM abheben, 1 M links, wieder ab * stets wiederholen, enden mit 3 M links zusammenstricken, 1 M links, 1 M rechts.

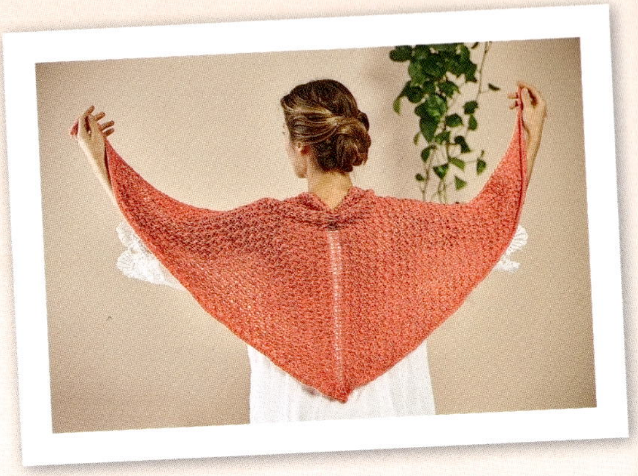

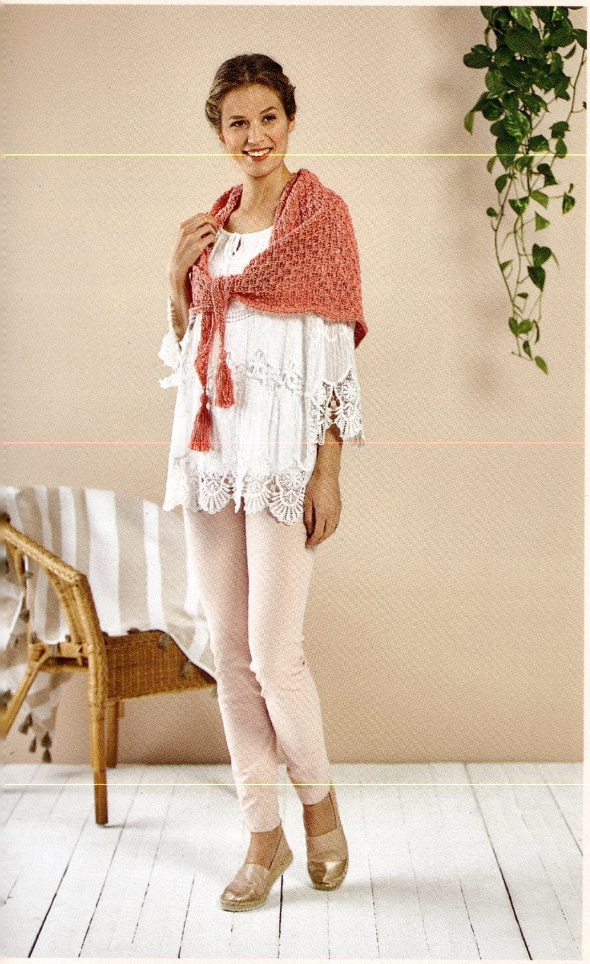

15. R: Wie die 5. R stricken (= 33 M).

16. R: 1 M rechts, 1 M links, * 1 M links stricken, 3 M links zusammenstricken, ab * stets wiederholen, enden mit 3 M links, MM abheben, 1 M links, wieder ab * stets wiederholen, enden mit 2 M links, 1 M rechts.

Die 9.–16. R noch 14x wiederholen (= 112 R). Es sind insgesamt 128 R gestrickt. Zum Abschluss noch 1x die 9.–12. R stricken. Es sind nun insgesamt 132 R gestrickt.

Nächste R (Hin-R): 1 M rechts, 1 U, rechts stricken bis zum MM, 1 U, MM abheben, 1 M rechts, 1 U, rechts stricken bis zur letzten M, 1 U, 1 M rechts.

Nächste R (Rück-R): 1 M rechts, 1 M links, rechts stricken bis 2 M vor MM, 2 M links, MM abheben, 1 M links, rechts stricken bis zu den letzten 2 M, 1 M links, 1 M rechts.

Die letzten beiden R noch 1x wiederholen.

Alle M elastisch abketten (siehe Seite 28).

Fertigstellung: Zwei Quasten mit einer Länge von etwa 12 cm anfertigen und an die Enden annähen. Das Strickstück befeuchten und spannen. Alle Fäden vernähen.

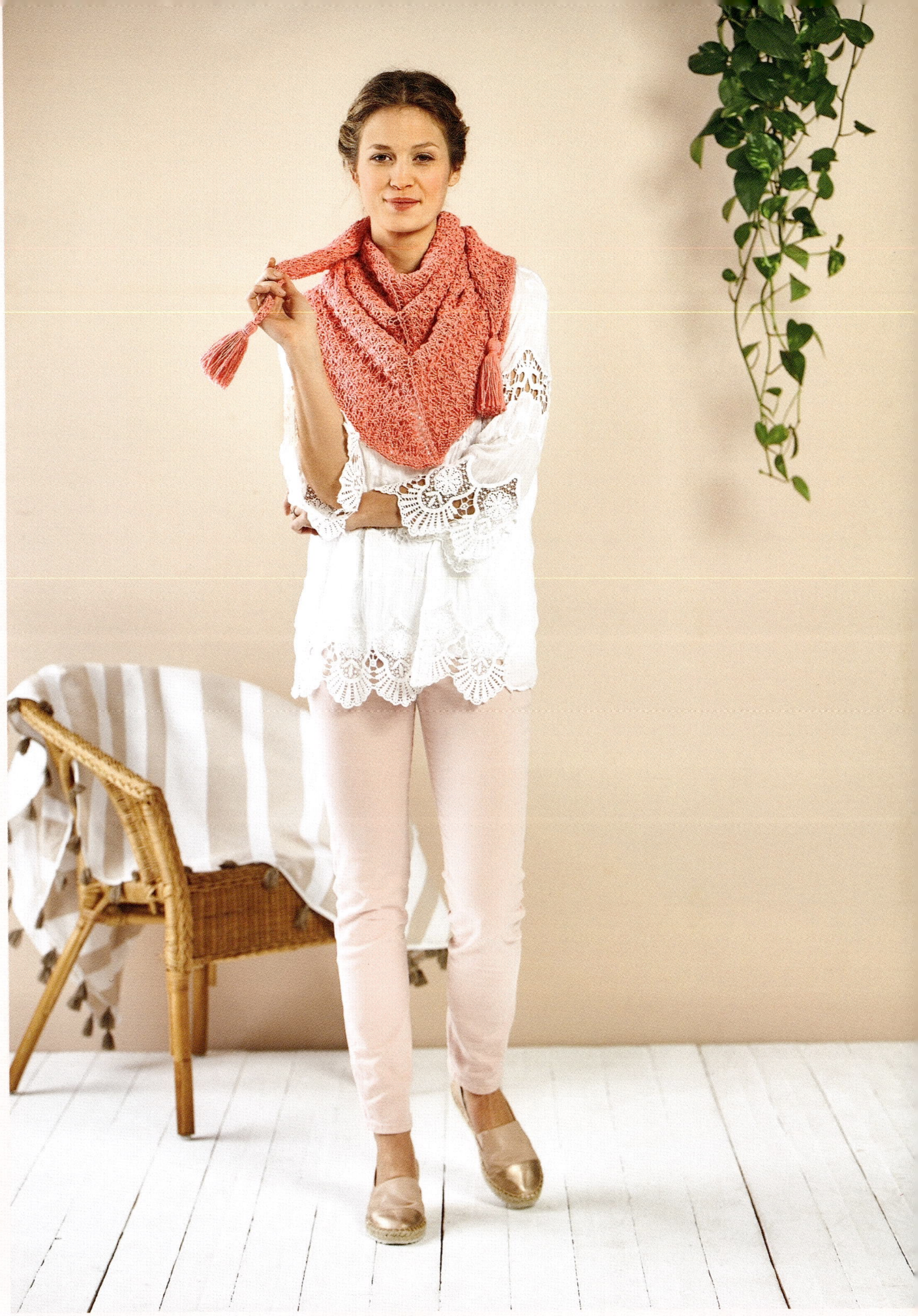

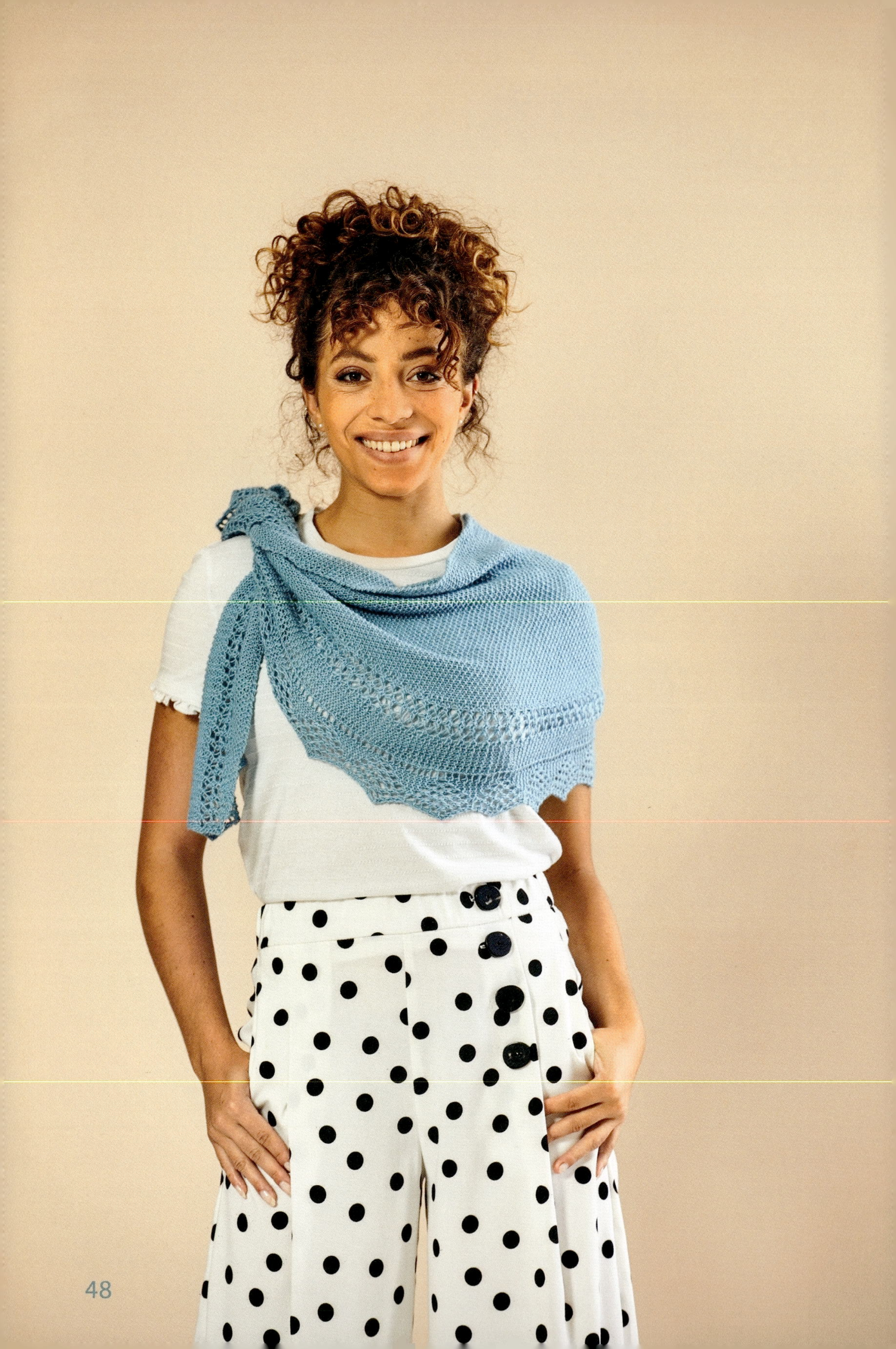

Meeresbrise

Tuch mit Lacekante ✱✱✱

Größe: ca. 165 cm breit und 45 cm hoch

Material

- ggh „Lacy" (80 % Schurwolle, 20 % Seide, Lauflänge ca. 150 m/25 g): 100 g Gletschergrün
- Rundstricknadel Nr. 4
- evtl. 3 Maschenmarkierer

Muster

Grundmuster: Muster über zu Beginn 23 M. Laut Strickschrift arbeiten. Es sind die Hin- und Rück-R gezeichnet. Die 1.–36. R wie in der Anleitung angegeben wiederholen, dabei wie gezeichnet zunehmen und abnehmen.

Perlmuster: 1 M rechts, 1 M links im Wechsel stricken; die M nach jeder R versetzen.

Maschenprobe

Glatt rechts:

28 M und 36 R = 10 x 10 cm

So wird's gemacht

23 M anschlagen und 1 R rechte M stricken. Nun über alle M im Grundmuster laut Strickschrift weiterarbeiten. Zur besseren Übersicht MM vor und nach dem Lace-Einsatz und vor der Lace-Kante setzen. Die 1.–36. R (Höhenrapport) zunächst insgesamt 6x stricken. Dabei das Prinzip der Zunahmen wie im ersten Höhenrapport auch in den folgenden Wiederholungen fortführen. Im Zunahmeteil weiterhin das Perlmuster stricken. Wenn gerade die Zunahme erfolgt ist, in der Rück-R am besten auf die 3. M schauen, diese ist maßgebend für das Perlmuster, die ersten beiden M entsprechend stricken (in der Regel beginnen die Hin-R und enden die Rück-R mit einer linken M).

Anschließend wird der Höhenrapport (1.–36. R) noch 4x ohne Zunahmen gearbeitet.

Jetzt folgen die Abnahme-R: Hier werden, anstatt 1 M zu verdoppeln, 2 M rechts zusammengestrickt. Der Höhenrapport (1.–36. R) wird wieder insgesamt 6x gestrickt. Beim Perlmuster jetzt auf die 2. M der Rück-R achten und die 1. M entsprechend stricken.

Zuletzt noch 1 R rechte M stricken. Danach alle M abketten.

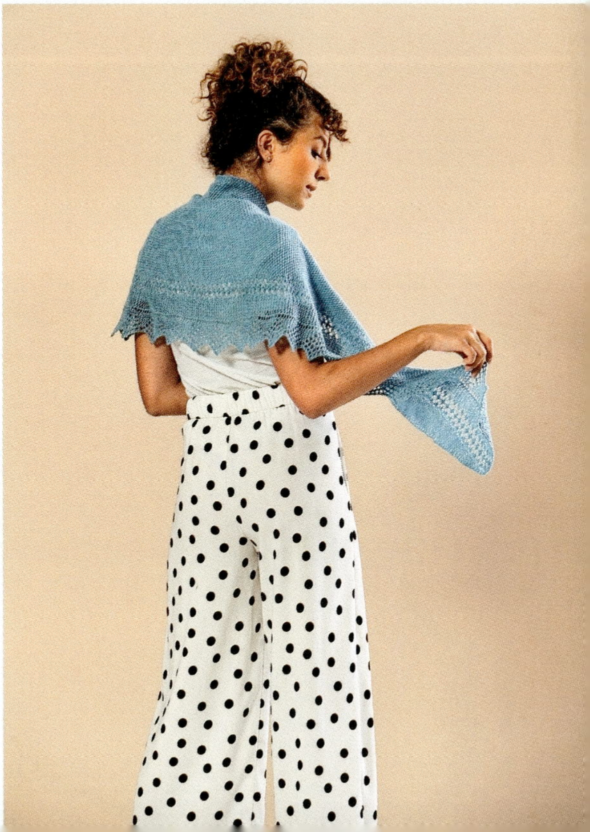

Fertigstellung: Das Strickstück befeuchten, spannen und vollständig trocknen lassen. Alle Fäden vernähen.

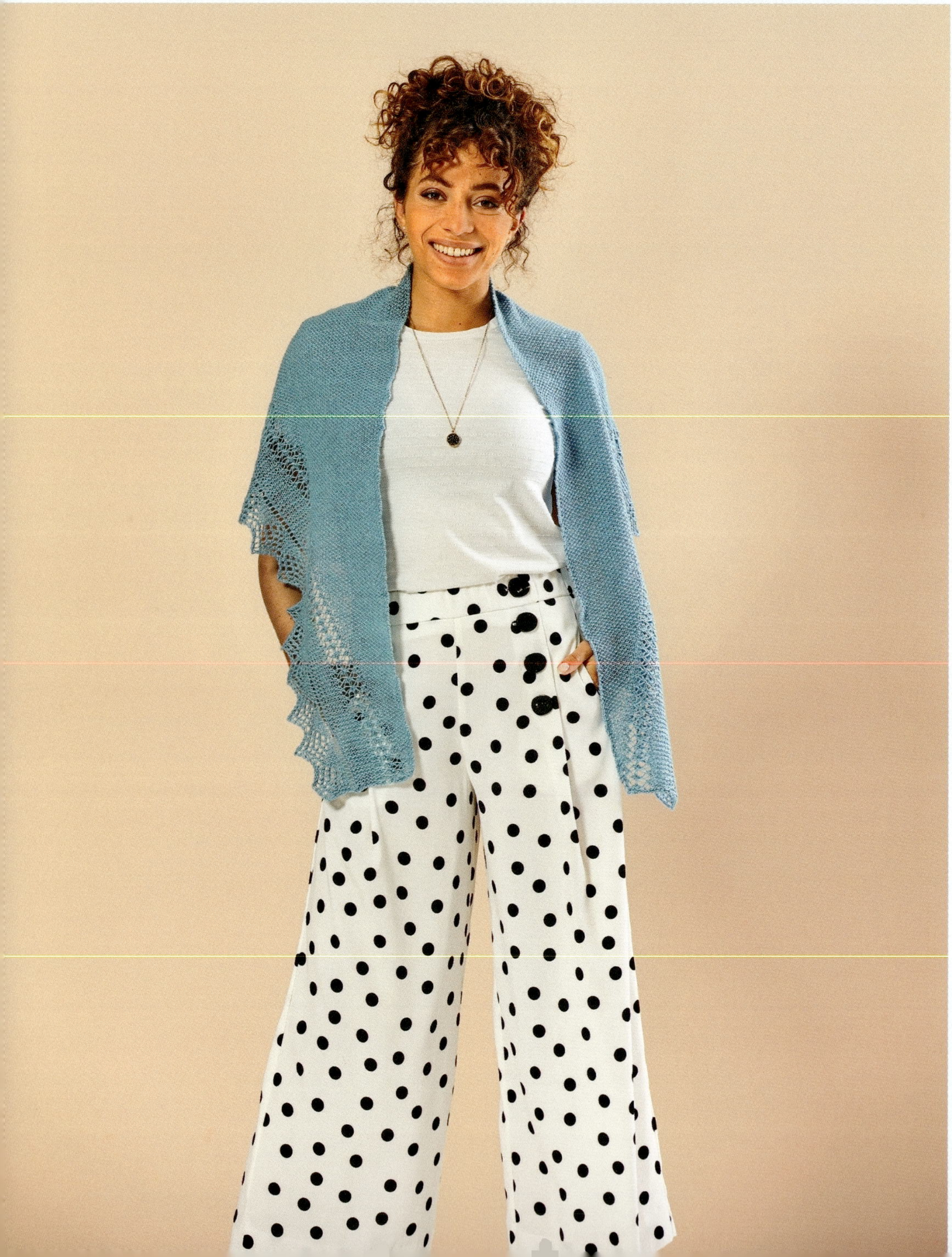

Strickschrift

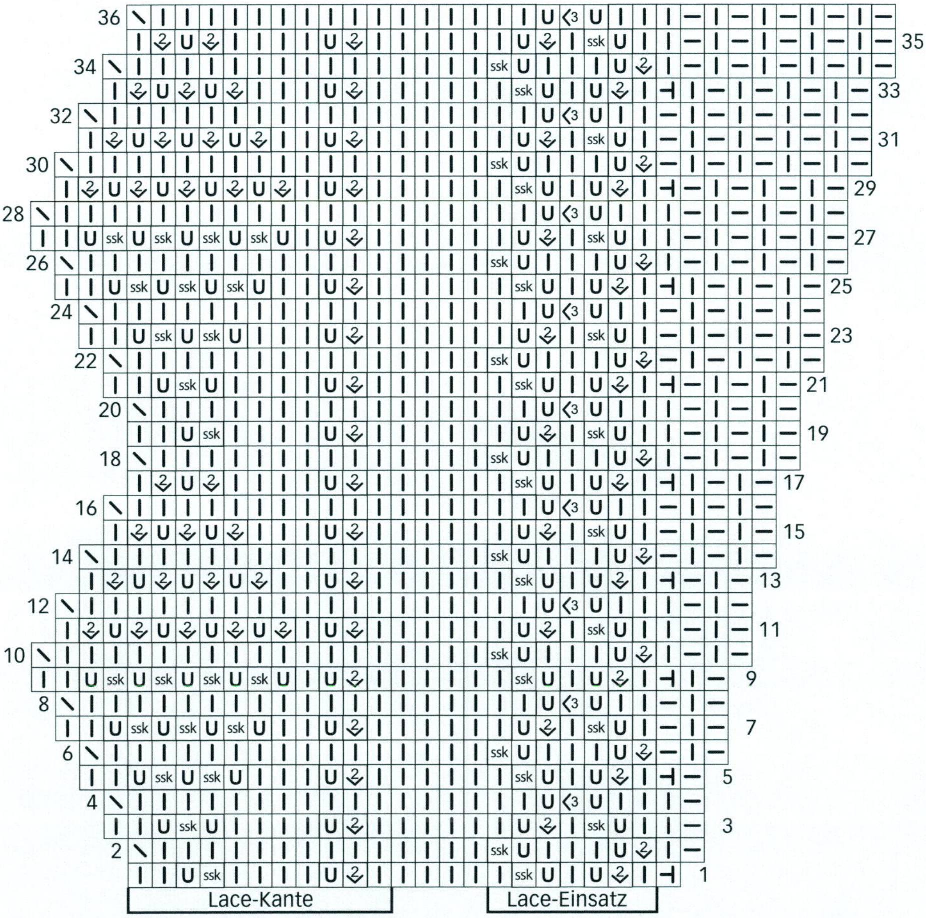

Zeichenerklärung

I = 1 M rechts

— = 1 M links

= 2 M rechts zusammenstricken

U = 1 U

ssk = 2 M nacheinander wie zum Rechtsstricken abheben, dann rechts zusammenstricken (engl. ssk = slip, slip, knit)

⊣ = 1 M verdoppeln: 2 M aus 1 M herausstricken (= 1 M rechts, 1 M rechts verschränkt)

\ = 1 M wie zum Linksstricken abheben, dabei den Faden hinter der Arbeit langführen

<3 = 3 M rechts verschränkt zusammenstricken

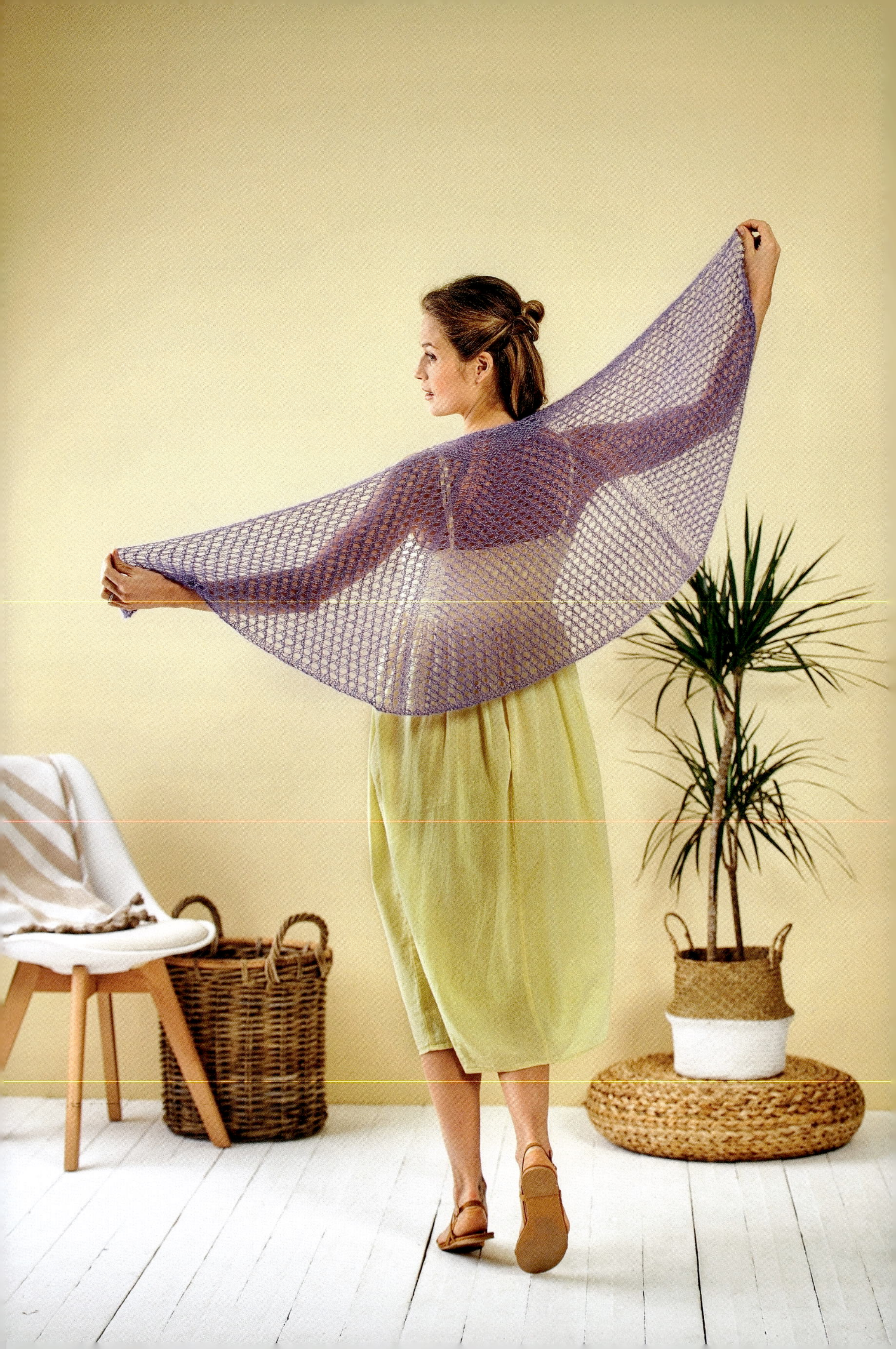

Traumtänzer

Halbmondtuch mit Netzmuster ✱✱ Größe: ca. 150 cm breit, ca. 55 cm hoch

Material

- Schulana „Kid-Seta Pearl" (40 % Mohair, 23 % Glas, 20 % Baumwolle, 17 % Seide, Lauflänge ca. 118 m/25 g): 75 g Lavendel
- Rundstricknadel Nr. 4,5, mit mind. 80 cm langem Seil
- evtl. 2 Maschenmarkierer

Maschenprobe

Glatt rechts:
20 M und 28 R = 10 x 10 cm

So wird's gemacht

3 M anschlagen und wie folgt in R stricken:
1. R (Hin-R): 2x [1 M rechts, 1 U], 1 M rechts (= 5 M).
2. R (Rück-R): Alle M rechts stricken.
3. R: 1 M rechts, 1 U, 3 M rechts, 1 U, 1 M rechts (= 7 M).
4. R: Alle M rechts stricken.
5. R: * 2x [1 M rechts, 1 U], MM setzen, ab * 1x wiederholen, 2x [1 M rechts, 1 U], 1 M rechts (= 13 M).
6. R: Alle M rechts stricken.
7. R: Alle M rechts stricken.

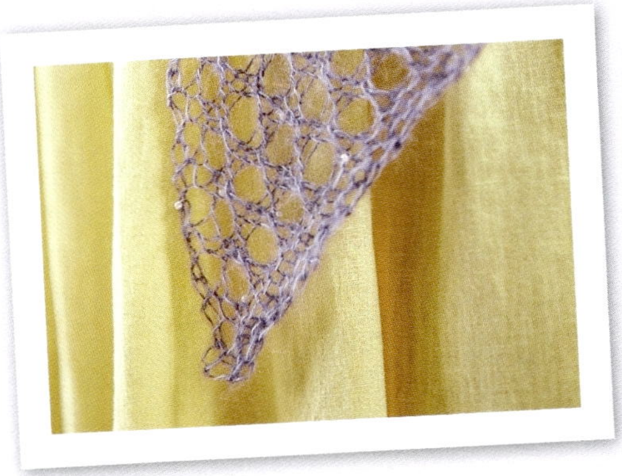

8. R: Alle M rechts stricken.
9. R: 1 M rechts, 1 U, rechts stricken bis zum MM, 1 U, MM abheben, 1 M rechts, 1 U, rechts stricken bis zum MM, 1 U, MM abheben, 1 M rechts, 1 U, rechts stricken bis zur letzten M, 1 U, 1 M rechts (= 19 M).
Die 6.–9. R noch 5x wiederholen (= 49 M = 20 R). Es sind nun insgesamt 29 R gestrickt.
Nächste R = 30. R: 1 M rechts, links stricken bis zur letzten M, 1 M rechts.
31. R: 2 M rechts, * 1 U, 2 M rechts zusammenstricken, ab * wiederholen bis 2 M vor dem MM, 2 M rechts, MM abheben, 2 M rechts, ** 1 U, 2 M rechts zusammenstricken, ab ** wiederholen bis 2 M vor dem MM, 2 M rechts, MM abheben, 2 M rechts, *** 1 U, 2 M rechts zusammenstricken, ab *** wiederholen bis zu den letzten 3 M, 3 M rechts.
32. R: 1 M rechts, links stricken bis zur letzten M, 1 M rechts
33. R: 1 M rechts, 1 U, rechts stricken bis zum MM, 1 U, MM abheben, 1 M rechts, 1 U, rechts stricken bis zum MM, 1 U, MM abheben, 1 M rechts, 1 U, rechts stricken bis zur letzten M, 1 U, 1 M rechts (= 55 M).
Die 30.–33. R noch 29x wiederholen (= 116 R). Es sind nun insgesamt 145 R gestrickt. Anschließend noch 3 R rechte M stricken. Dann alle M elastisch abketten (siehe Seite 28).

Fertigstellung: Das Strickstück befeuchten und spannen. Alle Fäden vernähen.

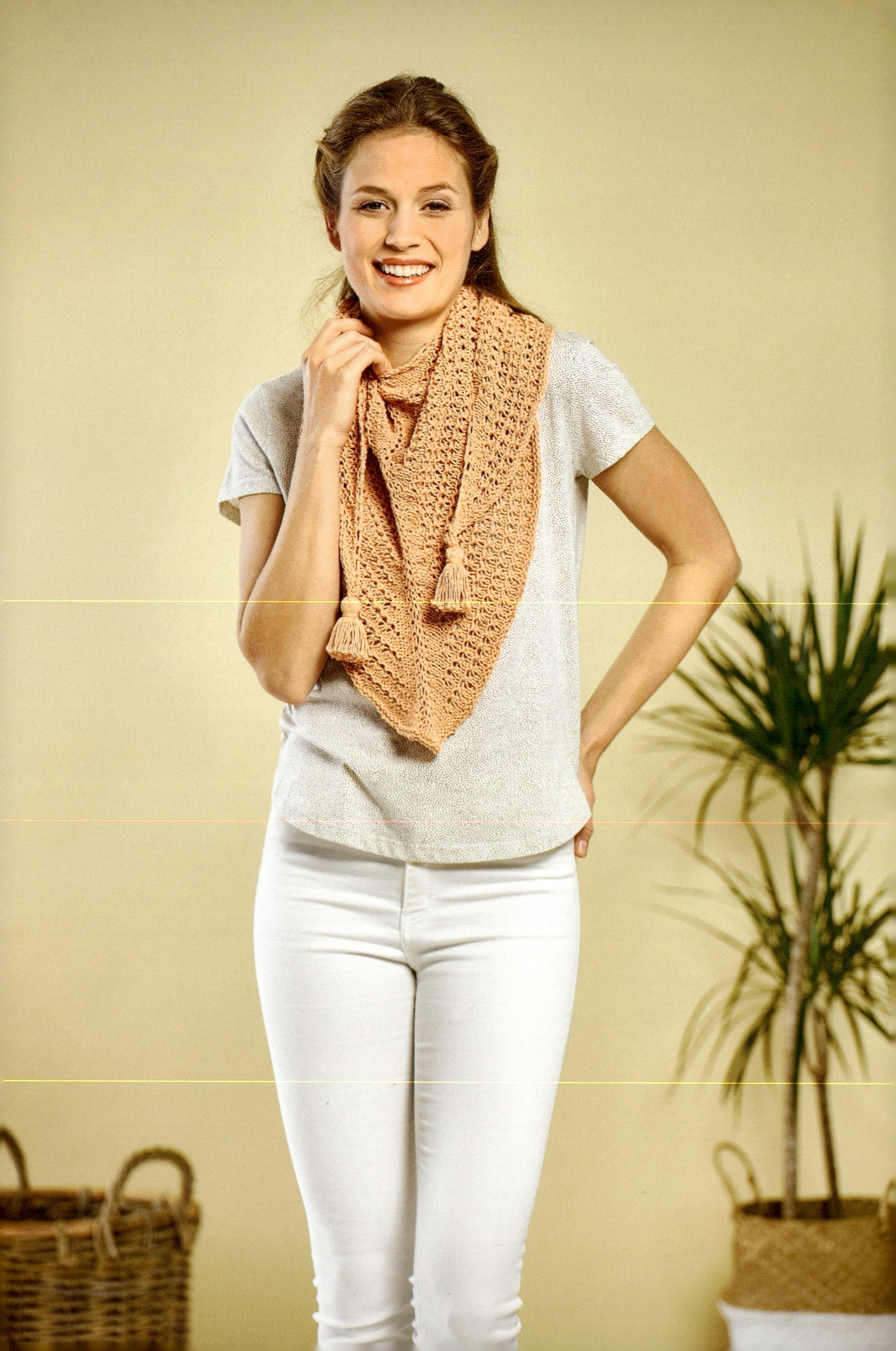

Apricot Passion

Dreieckstuch ✻✻

Größe: ca. 115 cm breit (ohne Quasten), 50 cm hoch

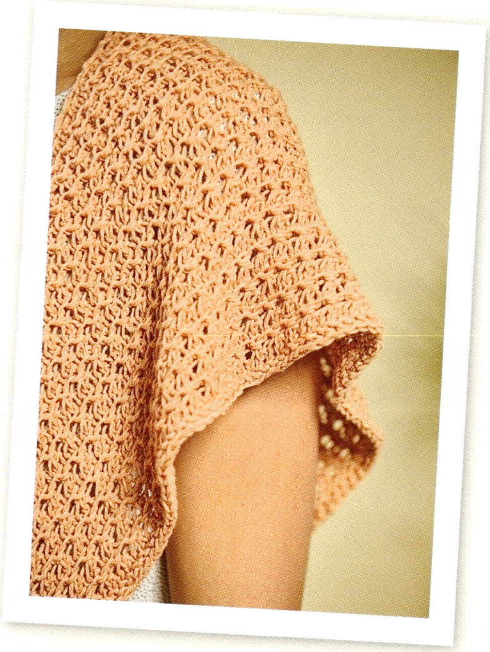

Material

- Woll Butt „Linda" (75 % Baumwolle, 25 % Leinen, Lauflänge ca. 98 m/50 g): 200 g Apricot
- Rundstricknadel Nr. 4 mit mind. 100 cm langem Seil
- evtl. 1 Maschenmarkierer

Randmaschen: In Hin- und Rück-R die 1. und letzte M rechts stricken.

Maschenprobe

Glatt rechts:
20 M und 26 R = 10 x 10 cm

So wird's gemacht

9 M anschlagen und wie folgt in R stricken (siehe auch Strickschrift):

1. R (Hin-R): 1 Rand-M, 3 M rechts, MM setzen, 4 M rechts, 1 Rand-M.

2. R (Rück-R): 1 Rand-M, alle M links stricken, 1 Rand-M.

3. R: 1 Rand-M, 7x [1 U, 1 M rechts], 1 U, 1 Rand-M (= 17 M).

4. R: 1 Rand-M, alle M und U links stricken, 1 Rand-M.

5. R: 1 Rand-M, 1 U, 1 M rechts, 1 M rechts verschränkt aus dem QF zunehmen, 5 M rechts, 4x [1 M rechts verschränkt aus dem QF zunehmen, 1 M rechts], 4 M rechts, 1 M rechts verschränkt aus dem QF zunehmen, 1 M rechts, 1 U, 1 Rand-M.

6. R: Wie die 4. R stricken.

7. R: 1 Rand-M, 1 U, 1M rechts, 1 M rechts verschränkt aus dem QF zunehmen, 9 M rechts, 4x [1 M rechts verschränkt aus dem QF zunehmen, 1 M rechts], 8 M rechts, 1 M rechts verschränkt aus dem QF zunehmen, 1 M rechts, 1 U, 1 Rand-M

8. R: Wie die 4. R stricken.

9. R: 1 Rand-M, 1 U, 1 M rechts, 1 M rechts verschränkt aus dem QF zunehmen, 13 M rechts, 4x [1 M rechts verschränkt aus dem QF zunehmen, 1 M rechts], 12 M rechts, 1 M rechts verschränkt aus dem QF zunehmen, 1 M rechts, 1 U, 1 Rand-M

10. R: Wie die 4. R stricken.
Das sind die Anfangs-R, jetzt beginnen die Muster-R:

11. R: 1 Rand-M, 1 U, 1 M rechts, 1 M rechts verschränkt aus dem QF zunehmen, rechts stricken bis 1 M vor dem MM, 1 M rechts verschränkt aus dem QF zunehmen, 1 M rechts, 1 M rechts verschränkt aus dem QF zunehmen, MM abheben, 1 M rechts, 1 M rechts verschränkt aus dem QF zunehmen, 1 M rechts, 1 M rechts verschränkt aus dem QF zunehmen, rechts stricken bis zu den letzten 2 M, 1 M rechts verschränkt aus dem QF zunehmen, 1 M rechts, 1 U, 1 Rand-M.

12. R: 1 Rand-M, 4 M links, fortlaufend 2 M rechts zusammenstricken bis 6 M vor dem MM, 6 M links, MM abheben, 5 M links, fortlaufend 2 M rechts zusammenstricken bis zu den letzten 5 M, 4 M links, 1 Rand-M.

13. R: 1 Rand-M, 1 U, 1 M rechts, 1 M rechts verschränkt aus dem QF zunehmen, 3 M rechts, 7x 1 M verdoppeln (die Anzahl der Wiederholungen erhöht sich mit jedem Höhenrapport der Muster-R um 4!), rechts stricken bis 1 M vor dem MM, 1 M rechts verschränkt aus dem QF zunehmen, 1 M rechts, 1 M rechts verschränkt aus dem QF zunehmen, MM abheben, 1 M rechts, 1 M rechts verschränkt aus dem QF zunehmen, 1 M rechts, 1 M rechts verschränkt aus dem QF zunehmen, 4 M rechts, 7x 1 M verdoppeln (die Anzahl der Wiederholungen erhöht sich mit jedem Höhenrapport der Muster-R um 4!), 3 M rechts, 1 M rechts verschränkt aus dem QF zunehmen, 1 M rechts, 1 U, 1 Rand-M.

14. R: 1 Rand-M, linke M stricken bis zur Rand-M, 1 Rand-M.

Die 11.–14. R (Höhenrapport) noch 16x wiederholen (= 64 R). Es sind jetzt insgesamt 78 R gestrickt.

Nächste R: Wie die 11. R stricken.

Nächste R: Alle M rechts stricken.

Alle M elastisch abketten (siehe Seite 28).

Fertigstellung: Das Strickstück befeuchten und spannen. Alle Fäden vernähen. Zwei Quasten von ca. 6 cm Länge herstellen und an die Tuchenden nähen.

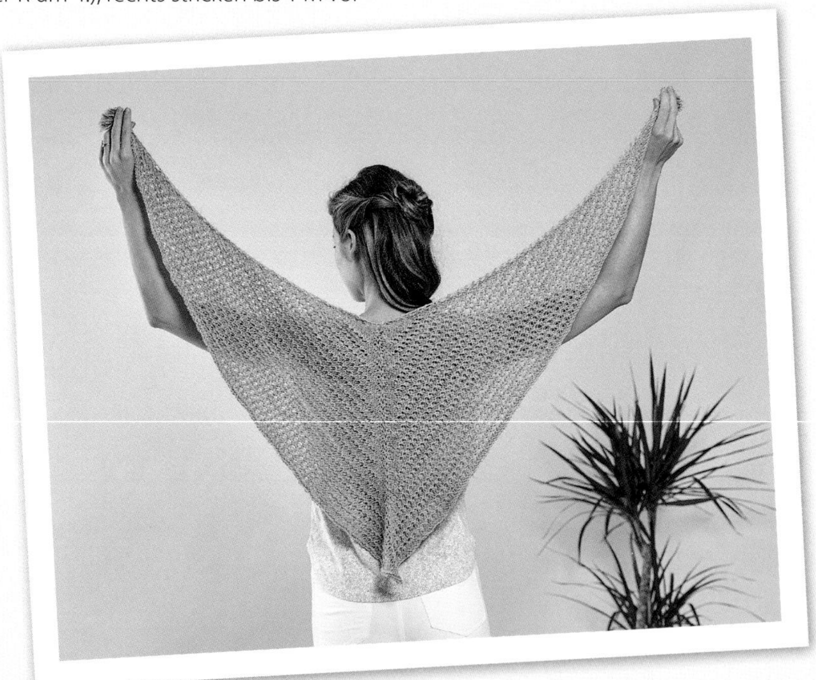

Strickschrift

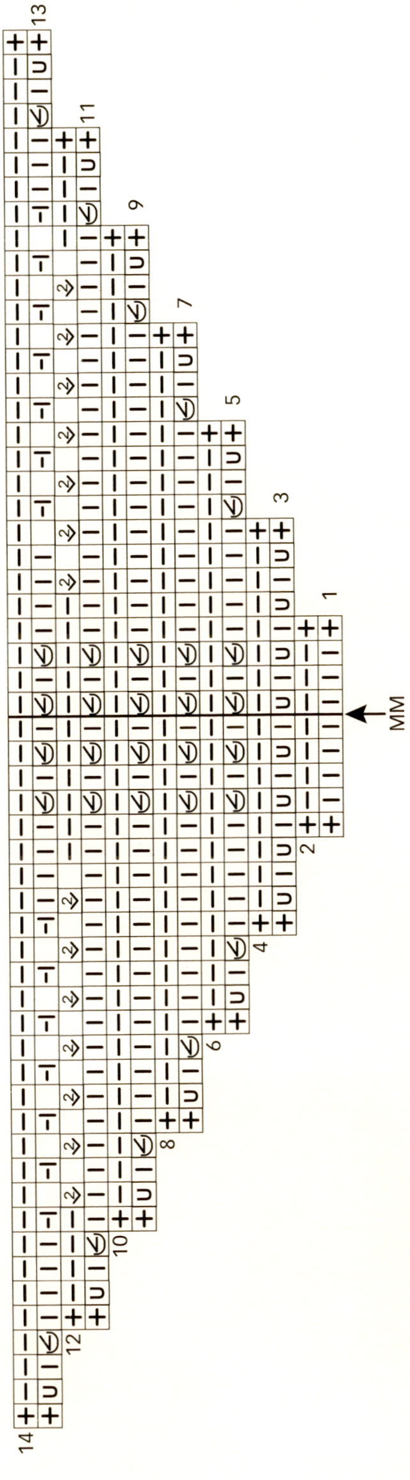

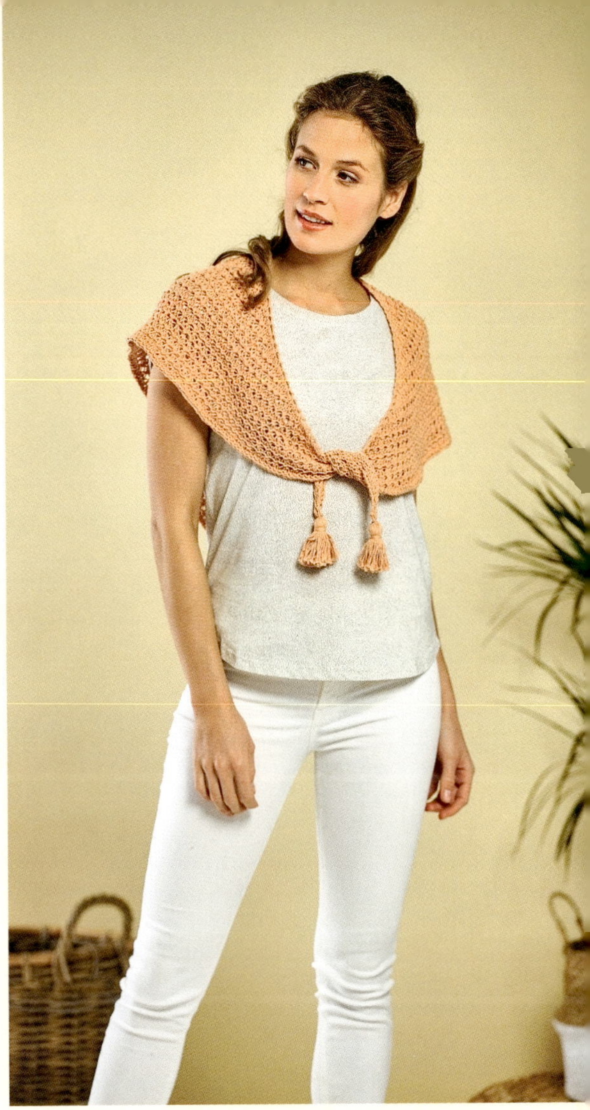

Zeichenerklärung

- | = 1 M rechts
- – = 1 M links
- U = 1 U
- = 1 M rechts verschränkt aus dem QF zunehmen
- = 2 M rechts zusammenstricken
- –| = 1 M verdoppeln: 2 M aus 1 M herausstricken (= 1 M rechts, 1 M rechts verschränkt)
- ☐ = keine M, dient nur der Übersicht
- + = Rand-M

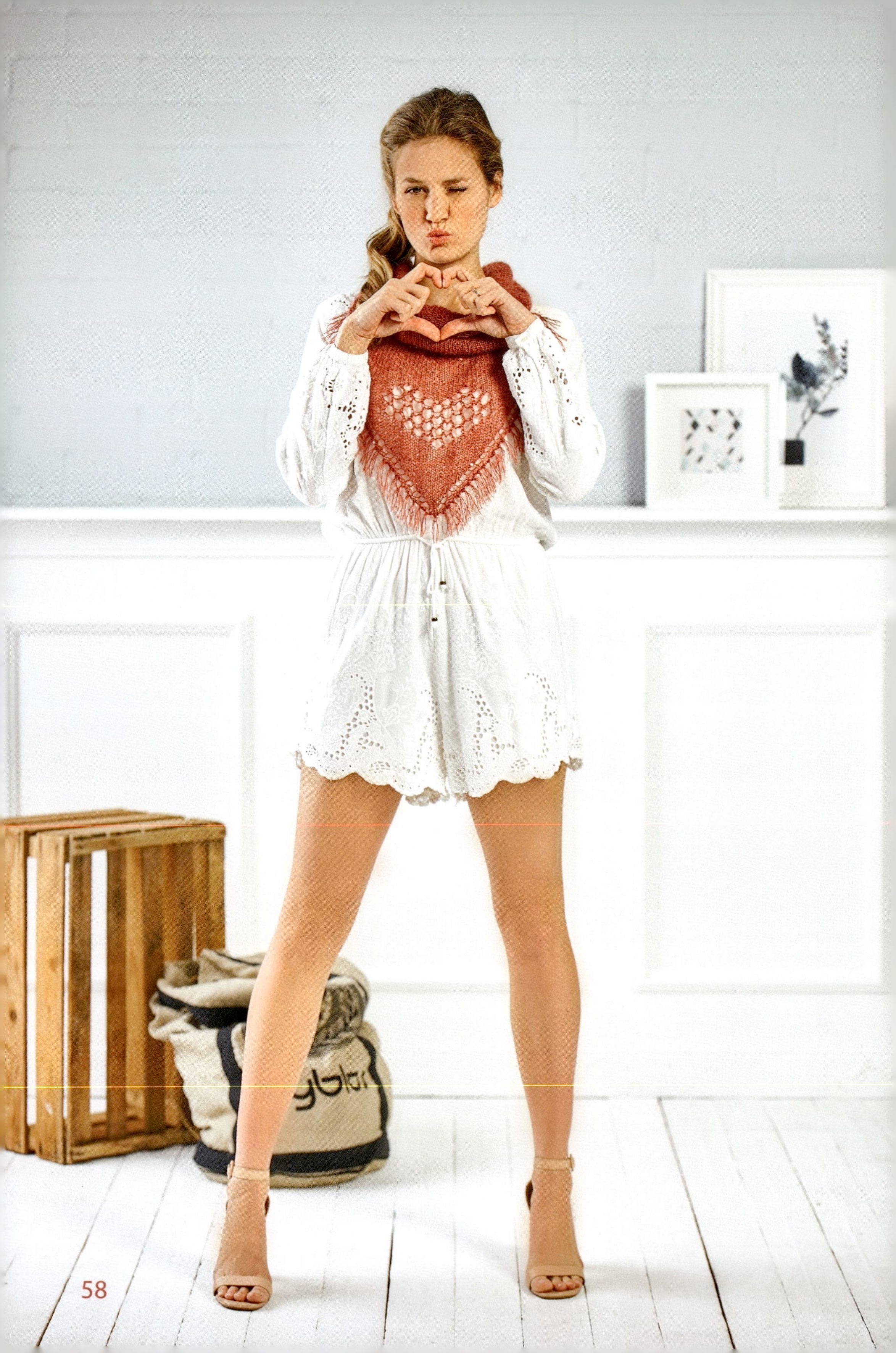

Heartbreaker

Dreiecks-Loop ✱✱

Größe: ca. 36–40 cm breit, ca. 60 cm hoch

Material

- Schulana „Kid-Paillettes" (42 % Mohair, 40 % Polyester, 18 % Seide, Lauflänge ca. 125 m/25 g): 50 g Mauve-Holz
- Rundstricknadel Nr. 5 mit 60 cm Seil
- evtl. 2 Maschenmarkierer

Glatt rechts in Reihen: In Hin-R rechte M, in Rück-R linke M stricken.

Glatt rechts in Runden: Stets rechte M stricken.

Herzmuster (über 24 Maschen): siehe auch Strickschrift.

1. R (Hin-R): 10 M rechts, 2 M rechts zusammenstricken, 2 U, 1 einfacher Überzug (= 1 M wie zum Rechtsstricken abheben, 1 M rechts stricken, dann die abgehobene M überziehen), 10 M rechts.

2. R (Rück-R) und alle folgenden Rück-R: Alle M links stricken, dabei den 1. U links und den 2. U rechts stricken.

3. R: 8 M rechts, 2x [2 M rechts zusammenstricken, 2 U, 1 einfacher Überzug], 8 M rechts.

5. R: 6 M rechts, 3x [2 M rechts zusammenstricken, 2 U, 1 einfacher Überzug], 6 M rechts

7. R: 4 M rechts, 4x [2 M rechts zusammenstricken, 2 U, 1 einfacher Überzug], 4 M rechts

9. R: 2 M rechts, 5x [2 M rechts zusammenstricken, 2 U, 1 einfacher Überzug], 2 M rechts.

11. R: 6x [2 M rechts zusammenstricken, 2 U, 1 einfacher Überzug].

13. R: 2 M rechts, 5x [2 M rechts zusammenstricken, 2 U, 1 einfacher Überzug], 2 M rechts.

15. R: 6x [2 M rechts zusammenstricken, 2 U, 1 einfacher Überzug].

17. R: 2 M rechts, 2x [2 M rechts zusammenstricken, 2 U, 1 einfacher Überzug], 4 M rechts, 2x [2 M rechts zusammenstricken, 2 U, 1 einfacher Überzug], 2 M rechts.

19. R: 4 M rechts, 2 M rechts zusammenstricken, 2 U, 1 einfacher Überzug, 8 M rechts, 2 M rechts zusammenstricken, 2 U, 1 einfacher Überzug, 4 M rechts.

20. R: Wie die 2. R stricken.

Die 1.–20. R 1x stricken.

Arbeiten nach Strickschrift: Muster über 24 M. Es sind die Hin- und Rück-R gezeichnet. Die 1.–20. R 1x stricken.

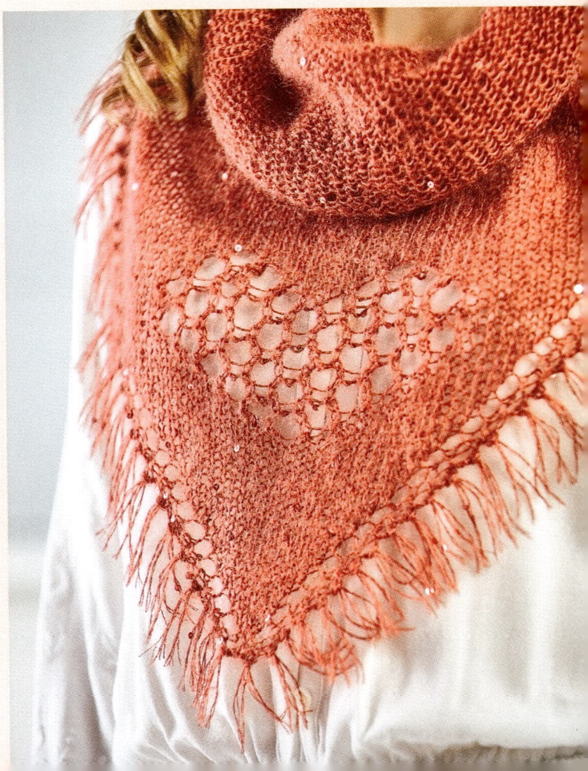

Maschenprobe

Glatt rechts:

16 M und 26 R = 10 x 10 cm

So wird's gemacht

4 M anschlagen und wie folgt in R stricken:

1. R (Rück-R): 3 M rechts, 1 M rechts verschränkt stricken.

2. R (Hin-R): 1 M rechts, 1 U, 2 M rechts, 1 U, 1 M rechts verschränkt (= 6 M).

3. R: Alle M rechts stricken, jedoch die U und letzte M rechts verschränkt stricken.

4. R: 2 M rechts, 1 U, 2 M rechts, 1 U, 1 M rechts, 1 M rechts verschränkt (= 8 M).

5. R: 2 M rechts, bis zu den letzten 2 M alle M und U links stricken, 1 M rechts, 1 M rechts verschränkt.

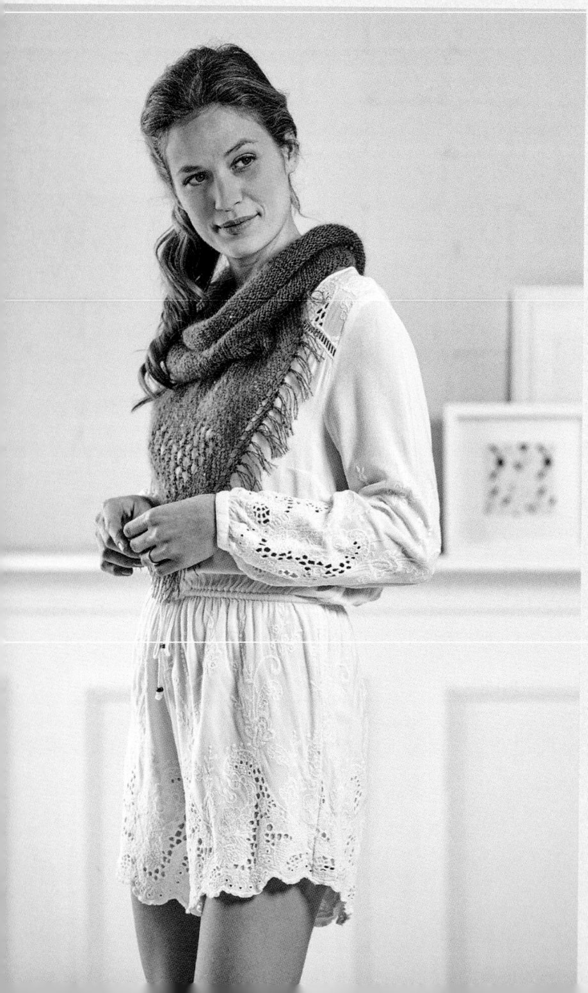

6. R: 2 M rechts, 1 U, rechts stricken bis zu den letzten 2 M, 1 U, 1 M rechts, 1 M rechts verschränkt (= 10 M).

7. R: 2 M rechts, bis zu den letzten 2 M alle M und U links stricken, 1 M rechts, 1 M rechts verschränkt.

Die 6. und 7. R noch 10x wiederholen (= 30 M). Es sind nun 27 R gestrickt.

Nach der 3. M und nach weiteren 24 M jeweils einen MM setzen.

Die Hin-R nun wie folgt einteilen und stricken: 2 M rechts, 1 U, rechts bis MM, 24 M Herzmuster, MM, rechts stricken bis zu den letzten 2 M, 1 U, 1 M rechts, 1 M rechts verschränkt.

Die Rück-R wie folgt stricken:
2 M rechts, links stricken bis zum MM, 24 M Herzmuster stricken, MM, links stricken bis zu den letzten 2 M, 1 M rechts, 1 M rechts verschränkt.

Auf diese Weise die nächsten 20 R mit dem Herzmuster stricken, die Zunahmen entsprechend fortführen.

Anschließend die 6. und 7. R noch 11x wiederholen (= 72 M). Es sind nun insgesamt 69 R gestrickt.

In der folgenden R alle M rechts stricken, am Ende jedoch nicht wenden, sondern 40 M aufschlingen. Von nun an in Rd weiterarbeiten, nicht wenden. Die Arbeit zur Rd schließen und am Rd-Anfang einen MM setzen. Nun ca. 35 cm glatt rechts stricken. Dann alle M elastisch abketten (siehe Seite 28).

Fertigstellung: Am Dreieck werden jetzt noch Fransen eingeknüpft. Hierzu Fransen in etwa 10 cm Länge zuschneiden und mit doppeltem Faden einknüpfen.

Das Strickstück befeuchten und spannen. Alle Fäden vernähen.

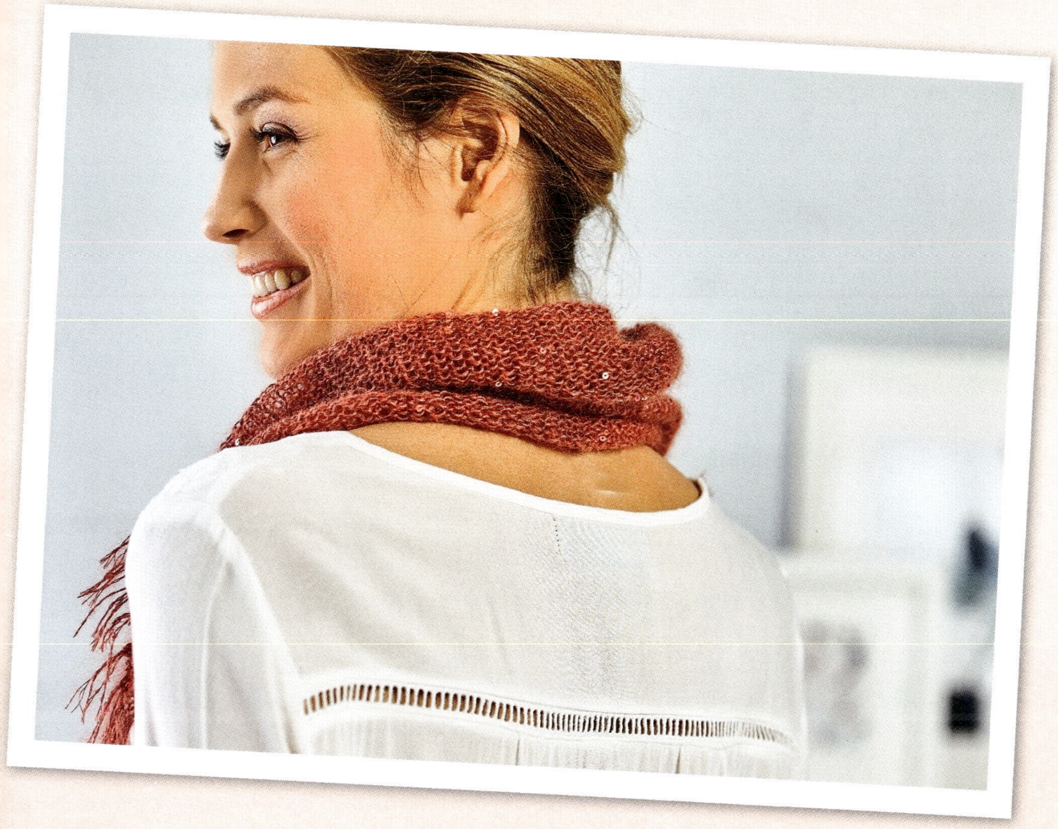

Strickschrift

Zeichenerklärung

I = 1 M rechts

— = 1 M links

⩡ = 2 M rechts zusammenstricken

U = 1 U

↓ = 1 einfacher Überzug (= 1 M wie zum Rechtsstricken abheben, 1 M rechts stricken, dann die abgehobene M überziehen)

Impressum

Autorin: Ines Kollwitz
Fotografie: Florian Bilger Fotodesign
Strickschriften: Carsten Bachmann
Redaktion und Produktmanagement: Theresa Peter
Lektorat: Regina Sidabras
Layout: Silke Schüler
Umschlaggestaltung: Leeloo Molnár
Repro: LUDWIG:media, Zell am See
Herstellung: Bettina Schippel, Stephanie Schlemmer
Printed in Slovenia by Florjancic

In diesem Buch wird aus Gründen der besseren Lesbarkeit das generische Maskulinum verwendet. Weibliche und anderweitige Geschlechteridentitäten werden dabei ausdrücklich mitgemeint, soweit es für die Aussage erforderlich ist.

Die Deutsche Nationalbibliothek verzeichnet diese Publikation in der Deutschen Nationalbibliografie; detaillierte bibliografische Daten sind im Internet über http://dnb.d-nb.de abrufbar.

★★★★★

Sind Sie mit diesem Titel zufrieden? Dann würden wir uns über Ihre Weiterempfehlung freuen.
Erzählen Sie es im Freundeskreis, berichten Sie Ihrem Buchhändler oder bewerten Sie beim Onlinekauf. Und wenn Sie Kritik, Korrekturen, Aktualisierungen haben, freuen wir uns über Ihre Nachricht an:

Christophorus Verlag
Postfach 40 02 09, D-80702 München
oder per E-Mail an lektorat@verlagshaus.de

Unser komplettes Programm finden Sie unter
www.christophorus-verlag.de

Herstellerverzeichnis

- Addi Nadeln – Gustav Selter GmbH, www.addi.de
- Austermann – Schoeller Süssen GmbH, www.schoeller-wolle.de
- Buttinette Textil-Versandhaus GmbH, www.buttinette.de
- Exklusive Knöpfe, www.knoepfe.de
- ggh GmbH, www.ggh-garn.de
- Gedifra SRL, www.gedifra.com/de
- Lang & Co. AG, www.langyarns.com
- Schachenmayr – MEZ GmbH, www.schachenmayr.com
- Schulana GmbH & Co. KG, www.schulana.de

ISBN 978-3-8410-6600-8

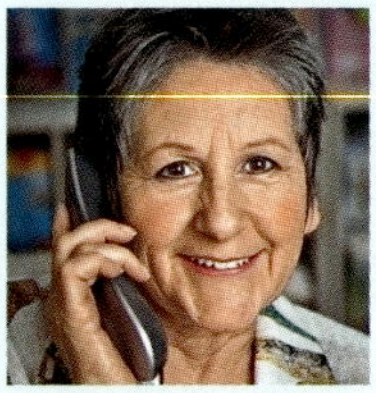

Kreativ-Service

Sie haben Fragen zu den Büchern und Materialien? Frau Erika Noll ist für Sie da und berät Sie rund um alle Kreativthemen. Rufen Sie an! Wir interessieren uns auch für Ihre eigenen Ideen und Anregungen. Sie erreichen Frau Noll per E-Mail: **mail@kreativ-service.info** oder Tel.: **+49 (0) 5052 / 91 18 58**

Besuchen Sie uns im Internet: www.christophorus-verlag.de

Ebenfalls erhältlich ...

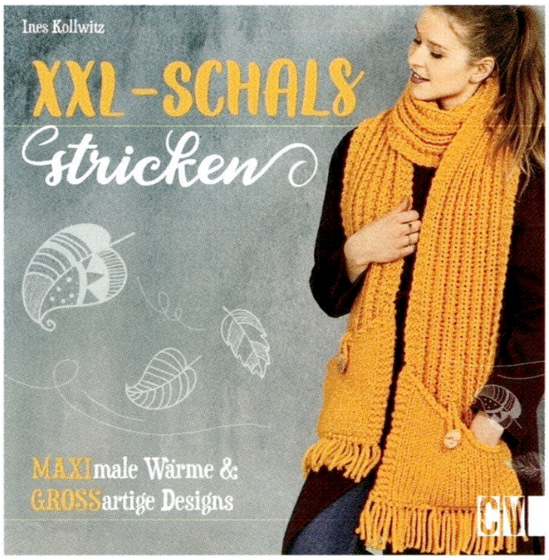

ISBN: 978-3-8410-6569-8

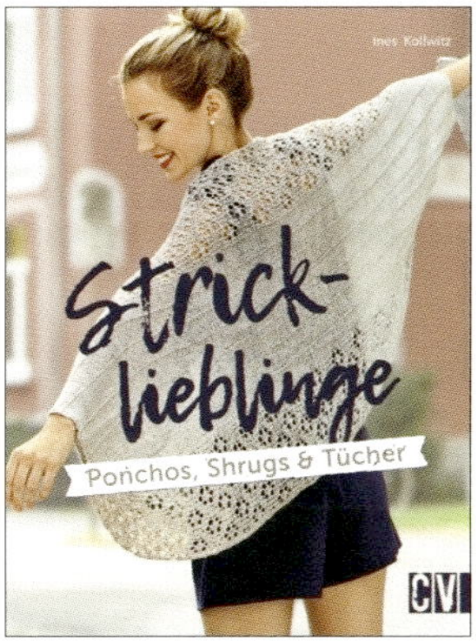

ISBN: 978-3-8410-6475-2

Grundkurs Stricken

Rechts verschränkte Masche

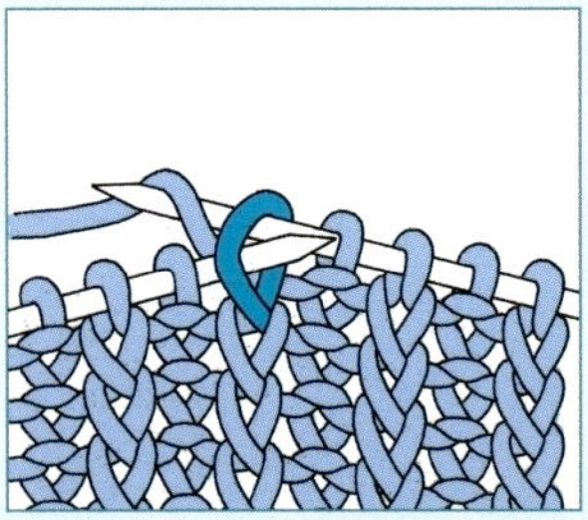

Für eine rechts verschränkte Masche ist der Faden hinter der Arbeit. Von rechts nach links in das hintere Maschenglied einstechen und den Faden durchholen.

2 Maschen rechts zusammenstricken

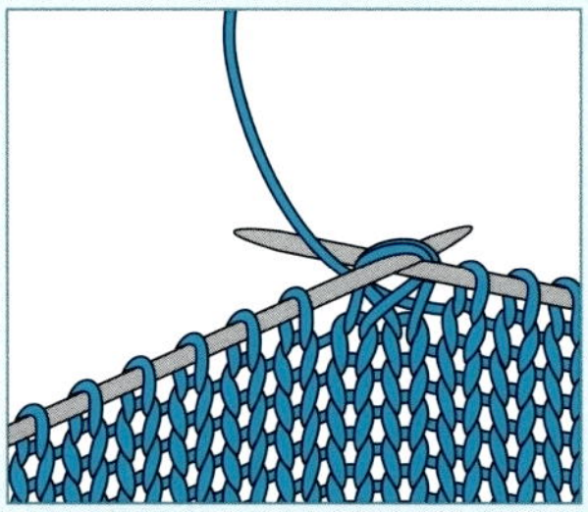

Der Faden ist hinter der Arbeit. Mit der rechten Nadel von links nach rechts durch die ersten 2 Maschen der linken Nadel stechen und den Faden durch beide Maschen holen.

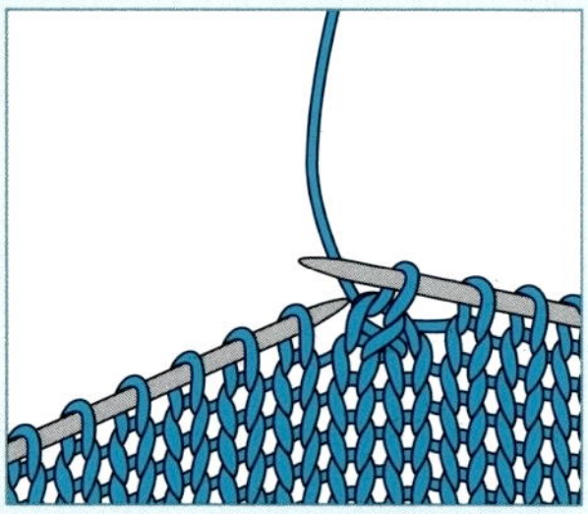

Die Maschen von der linken Nadel gleiten lassen.

2 Maschen links zusammenstricken

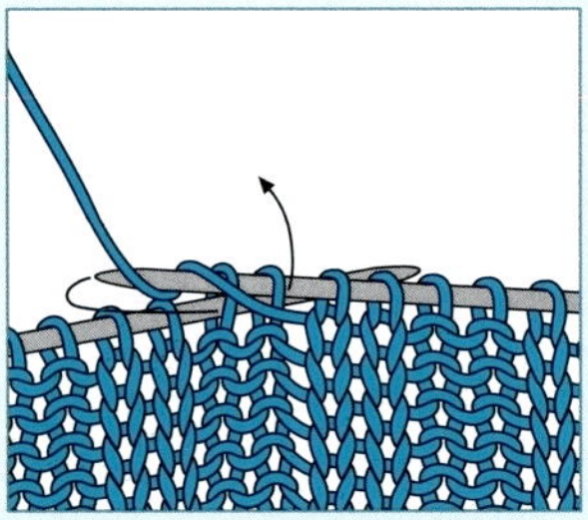

Der Faden ist vor der Arbeit. Mit der rechten Nadel von rechts nach links durch die ersten 2 Maschen der linken Nadel stechen und den Faden durch beide Maschen holen. Die Maschen von der linken Nadel gleiten lassen.

Einfacher Überzug

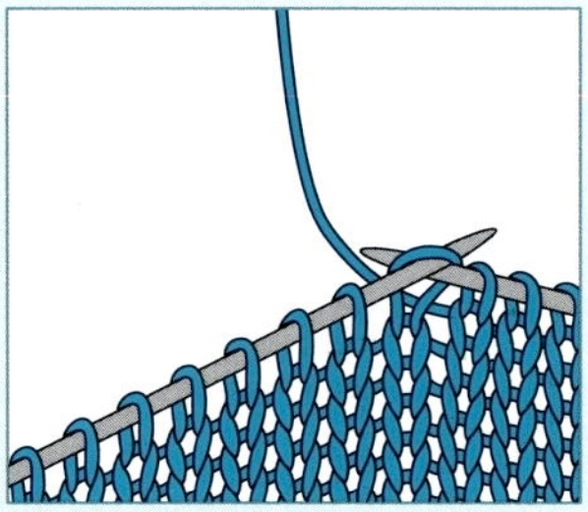

Der Arbeitsfaden liegt hinten. In die 1. Masche der linken Nadel von vorn nach hinten einstechen und die Masche, ohne sie zu stricken, auf die rechte Nadel heben.

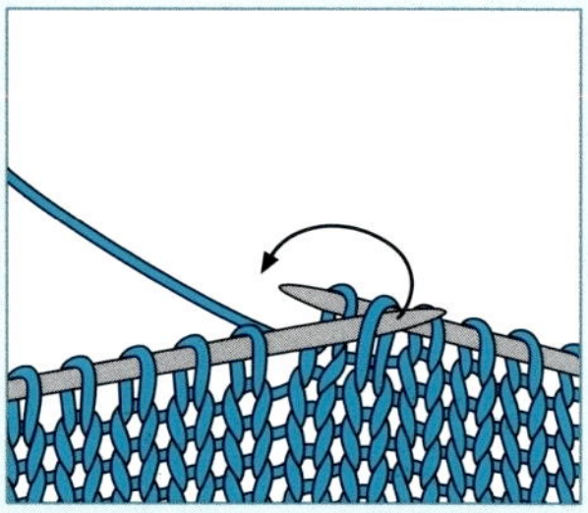

Die folgende Masche rechts stricken, sodass sie vor der abgehobenen Masche auf der rechten Nadel liegt. Dann die abgehobene Masche über die gestrickte Masche ziehen.